M

ohandas Karamchand Gandhi:
(2. Oktober 1869 – 30. Januar 1948)
allgemein bekannt als Mahatma Gandhi, war der wichtigste
Anführer der Unabhängigkeitsbewegung in Indien
unter britischer Herrschaft. Durch gewaltlosen zivilen
Ungehorsam führte Gandhi Indien zur Unabhängigkeit und
inspirierte Bewegungen für Gewaltlosigkeit, Bürgerrechte
und Freiheit auf der ganzen Welt.

Mahatma (ein indischer Ehrentitel) ist Sanskrit für „große Seele"; mahātmā: महात्मा mahā (groß) + महा oder आत्मन ātman (Seele).

Discovery Publisher

Englisch Titel: Mahatma Gandhi in Photographs
@2014, Discovery Publisher
All rights reserved

Erstausgabe: ©2015, Discovery Publisher
Zweite Auflage: ©2018, Discovery Publisher
Alle echte vorbehalten

Autor: Adriano Lucca
Übersetzer: Joana Himmel
Herausgeber: Marie Christin John

616 Corporate Way
Valley Cottage, New York, 10989
www.discoverypublisher.com
edition@discoverypublisher.com
facebook.com/discoverypublisher
twitter.com/discoverypb

New York • Paris • Dublin • Tokyo • Hong Kong

INHALTSÜBERSICHT

1869 – 1948

1870s

Foto:
Gandhis Vater,
Karamchand Gandhi
(1822 – 1885), Diwan
(Ministerpräsident) von
Porbandar.

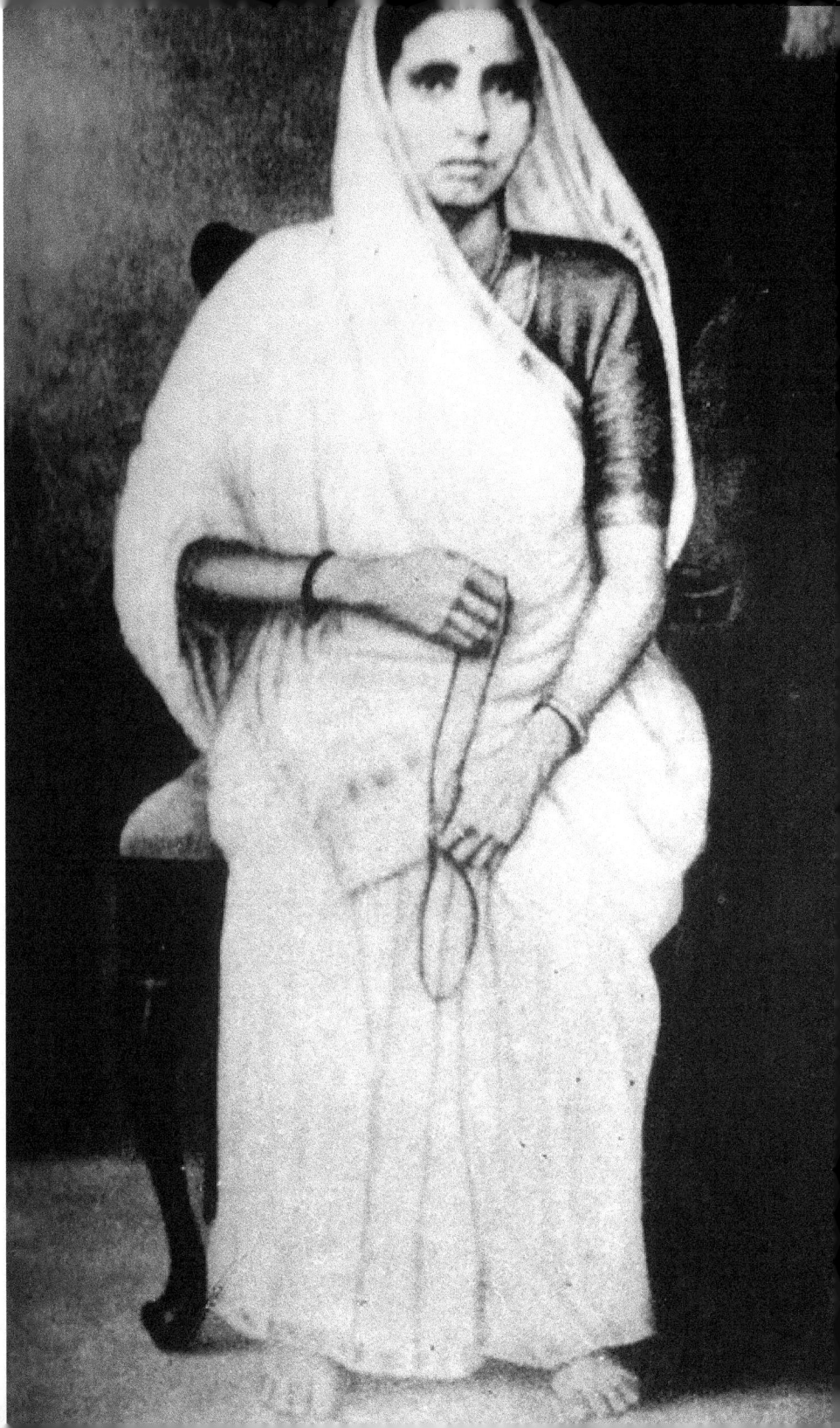

Foto: Gandhis Mutter, Putlibai (1839 – 1891) stammt aus der Pranami Vaishnava-Gemeinde. Sie war Karamchands vierte Ehefrau, die ersten drei Ehefrauen starben angeblich im Wochenbett.

1876

Foto: Gandhi mit sieben Jahren, 1876.

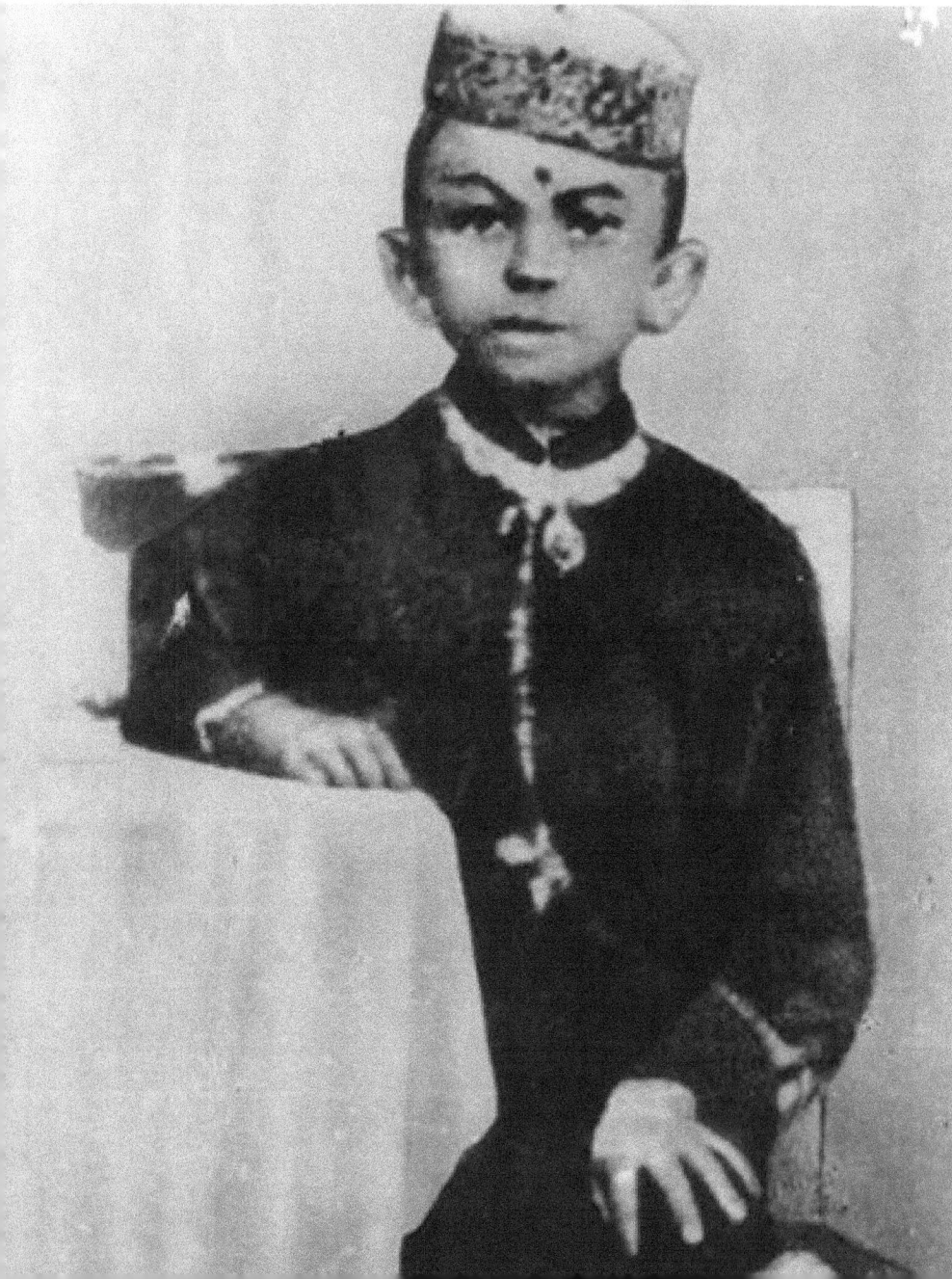

Mohandas Karamchand Gandhi wurde am 2. Oktober 1869 in Porbandar geboren, einer Küstenstadt, die damals zur Verwaltungsregion Bombay, Britisch-Indien, gehörte. Er kam im Hause seiner Vorfahren zur Welt, das nun als Kirti Mandir bekannt ist. Sein Vater, Karamchand Gandhi (1822 – 1885), der zur hinduistischen Modh-Gemeinde gehörte, hatte das Amt des Diwan (Ministerpräsident) vom Porbander-Staat inne, ein kleines Fürstentum im Verwaltungsdistrikt von Kathiawar, Britisch-Indien. Sein Großvater war Uttamchand Gandhi, auch Utta Gandhi genannt.

Foto: Samaldas College, Bhavnagar, wo Gandhi zur Schule ging.

1883

*Foto:
Gandhi (links)
mit seinem
Klassenkameraden
Sheikh Methab
(rechts) in Rajkot,
1883.*

Im Mai 1883 wurde der 13-jährige Gandhi mit der 14-jährigen Kasturbai Makhanji (ihr Vorname wurde normalerweise zu „Kasturba" verkürzt, ihr Spitzname war „Ba") in einer arrangierten Kinderehe verheiratet, gemäß den Sitten der Region.

Das erste Kind des Paares, geboren 1885 (Gandhi war 15 Jahre alt), überlebte nur ein paar Tage. Gandhis Vater, Karamchand Gandhi, war ebenfalls etwas früher in jenem Jahr gestorben.

Foto: nicht das eigentliche Hochzeitsfoto.

1885

Foto: Der erste indische Nationalkongress, 1885.

THE FIRST INDIAN NATIONAL CONGRESS, 1885.

1886

Photo: Gandhi with his elder brother, Laxmidas.

Foto: Gandhi als Jugendlicher, 1886.

1888

Am 4. September 1888 verließ der 18-jährige Gandhi ohne seine Frau und sein neugeborenes Kind Indien, um in London Rechtsanwalt zu werden. Bei dem Versuch, sich der englischen Gesellschaft anzupassen, verbrachte Gandhi seine ersten drei Monate damit, ein englischer Gentleman zu werden, indem er sich neue Anzüge kaufte, seinen englischen Akzent verfeinerte, Französisch lernte und Geigen- sowie Tanzstunden nahm. Drei Monate genügten, um Gandhi klarzumachen, dass diese kostspieligen Bemühungen nur reine Zeit- und Geldverschwendung waren. Er brach sämtlichen Unterricht ab, um sich für die restlichen drei Jahre seines London-Aufenthalts ernsthaft seinem Studium zu widmen und einen einfachen Lebensstil zu pflegen.

Foto: Inner Temple in London, die juristische Fakultät an der Gandhi studierte.

1888

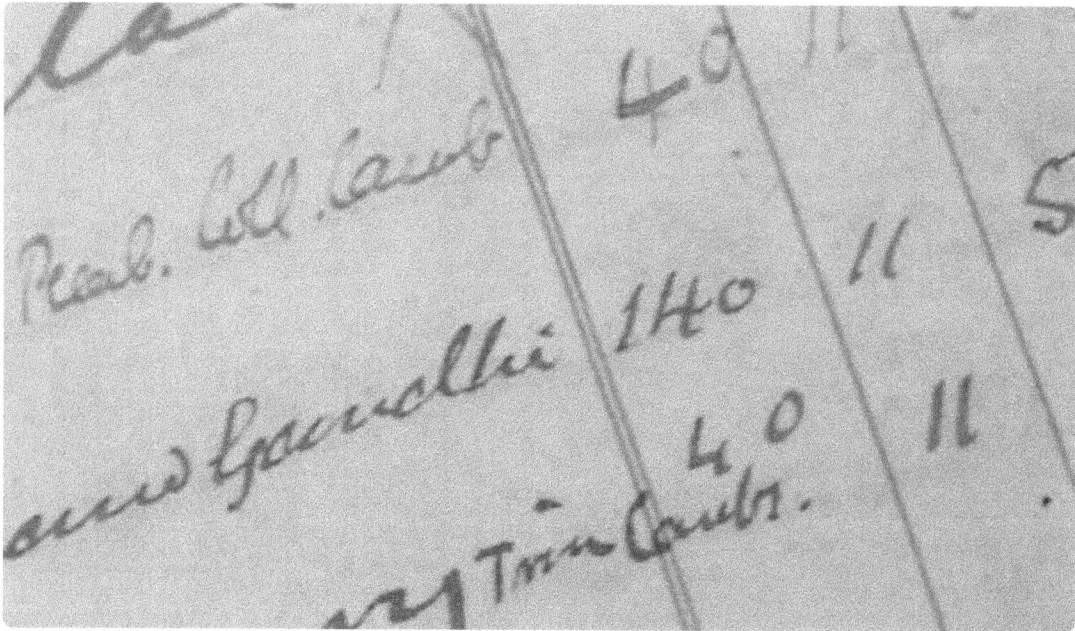

Foto: Gandhis Unterschrift und die Studiengebühren
von 140 Pfund, 11 Schilling und 5 Pence.

Gandhis erster Sohn, Harilal Gandhi, geboren 1888 (1888 – 18. Juni 1948). Harilal Gandhi wollte nach England gehen, um dort zu studieren und Rechtsanwalt wie sein Vater zu werden. Dieser war strikt dagegen, da er glaubte, dass eine westliche Ausbildung im Kampf gegen die britische Herrschaft in Indien nicht hilfreich wäre. Letztendlich rebellierte er gegen die Entscheidung seines Vaters und wendete sich 1911 von der Familie ab.

Harilal Gandhi konvertierte für kurze Zeit zum Islam, was seinen Vater nicht störte, da er glaubte, dass alle Religionen respektiert werden sollten. Seine Mutter fand, dass er dieses unentschlossene Verhalten nicht in der Öffentlichkeit zur Schau stellen sollte.

Harilal Gandhi wurde mit Gula Gandhi verheiratet. Sie hatten fünf Kinder, die zwei Töchter Rami und Manu Gandhi und die drei Söhne Kantilal, Rasiklal und Shanti Gandhi. Keines der Kinder ist noch am Leben, Rasiklal und Shanti starben in der Kindheit. Nilam Parikh, die Tochter von Rami Gandhi Parikh, ältestes Kind von Harilal, hat eine Biographie über ihn verfasst, mit dem Titel „Gandhi's Lost Jewel: Harilal Gandhi."

1890

Zusätzlich zu seiner einfachen, genügsamen Lebensart entdeckte Gandhi während seines Aufenthalts in England seine lebenslange Leidenschaft zum Vegetarismus. Obwohl die meisten indischen Studenten in England Fleisch aßen, war Gandhi entschlossen, dies zu unterlassen, auch weil er seiner Mutter geschworen hatte, Vegetarier zu bleiben. Auf der Suche nach vegetarischen Restaurants traf Gandhi auf die Vegetarische Gesellschaft Londons, der er sich anschloss.

- Die Gesellschaft bestand aus einer intellektuellen Riege, die Gandhi mit verschiedenen Autoren bekanntmachte wie Henry David Thoreau und Leo Tolstoi. Dank der Mitglieder jener Gesellschaft begann Gandhi ernsthaft die Bhagavad Gita zu lesen, ein episches Gedicht, das im Hinduismus als heilig gilt. Die neuen Ideen und Ansichten, die er aus diesen Büchern verinnerlichte, bildeten die Grundlagen für seine späteren Überzeugungen.

Foto: Gandhi, vorne rechts, mit Mitgliedern der Vegetarischen Gesellschaft, London, 1890.

1891

INNER TEMPLE.

This is to Certify to whom it may concern

That Mohandass Karamchand Gandhi

of 20 Barons Court Road, West Kensington, the

youngest son of Karamchand Utamchand Gandhi

of Porbandar, India, deceased, was generally admitted of

The Honourable Society of the Inner Temple

on the sixth day of November One thousand eight

hundred and eighty eight, and was called to the Bar by the same

honourable tenth day of June One thousand eight

hundred and ninety one, and has paid all dues to the

House and to the Officers thereunto belonging ————

In Testimony whereof I have hereunto set my hand

and the Seal of thousand Twenty this eleventh day of

June in the year of Our Lord One thousand eight hundred

and ninety one ————

William F. Robinson
Bencher

MOHANDAS KARAMCHAND GANDHI,
Barrister-at-Law.

Foto: Eine Londoner Zeitung, die auf Gandhi in einem Artikel vom 13. Juni 1891 verwies. Es gibt keinen Hinweis auf den Zeitpunkt, zu dem das Foto entstand, es war jedoch möglicherweise eine Woche früher aufgenommen worden, als er mit 21 Jahren zum Staatsexamen berufen wurde.

1891

Gandhi bestand das Staatsexamen erfolgreich am 10. Juni 1891 und segelte zwei Tage später zurück nach Indien. Er kam im Juli 1891, im Alter von 22 Jahren, in seiner Heimat an. Unglücklicherweise wurde Gandhi nun wie ein Aussätziger behandelt, weil er Indien verlassen und in London gelebt hatte. In den kommenden zwei Jahren versuchte Gandhi als Anwalt in Indien zu arbeiten, doch es mangelte ihm seines Erachtens an Wissen über das indische Gesetz sowie an Selbstvertrauen bei Prozessen. Als man ihm anbot, für ein Jahr an einem Fall in Südafrika zu arbeiten, war er für diese Chance dankbar.

1892

Manilal Mohandas Gandhi (28. Oktober 1892 – 4. April 1956) war der zweitälteste von den vier Söhnen Gandhis und seiner Frau Kasturba. Manilal wurde in Rajkot, Indien geboren.

1897 reiste Manilal Gandhi das erste Mal nach Südafrika, wo er im Ashram in Phoenix, nahe Durban, arbeitete. Nach einem kurzen Besuch in Indien 1917, kehrte Manilal Gandhi zurück nach Südafrika, um beim Drucken der *Indian Opinion* mitzuwirken, einer Zeitung, die auf Englisch und Gujarati wöchentlich in Phoenix, Durban, herausgegeben wurde.

Um 1918 erledigte Manilal den Großteil der Pressearbeit und wurde 1920 Redakteur. Genau wie sein Vater wurde Manilal Gandhi mehrmals von der britischen Kolonialregierung ins Gefängnis in Gefängnis geworfen, nachdem er gegen ungerechte Gesetze protestiert hatte. Er blieb bis zu seinem Tode im Jahre 1956 der Redakteur der Indian Opinion. Manilal Gandhi starb durch eine Zerebralthrombose, verursacht von einem Schlaganfall.

1893

Mit 24 Jahren ließ Gandhi wiederum seine Familie erneut zurück, um nach Südafrika aufzubrechen, wo er im Mai 1893 im britisch-regierten Natal ankam. In Südafrika wandelte sich Gandhi von einem sehr stillen und schüchternen Mann zu einem zähen und einflussreichen Anführer im Kampf gegen Diskrimination. Dieser Wandel begann während einer Dienstreise kurz nach seiner Ankunft in Südafrika.

Foto: Dada Abdullah Zaveri empfängt Gandhi in Port Durban.

Dada Abdullah Zaveri und Gandhi. Haji Abdullah Zaveri war ein memonischer Geschäftsmann und Gründer der *Victoria Jubilee Madressa*, einer Schule für Jungen und Mädchen in Porbandar. Er war derjenige, der Gandhi zum ersten Mal nach Südafrika geholt hatte, und Gandhi zeigte sich von der schlichten Intelligenz und Ehrlichkeit des gegen Gewalt predigenden Seth Haji Adbullah Zaveri äußerst inspiriert.

1893

Sein Angestellter Dada Abdullah, einer der wohlhabendsten indischen Geschäftsleute in Natal, zeigte ihm das Gerichtsgebäude. Als der europäische Amtsrichter Gandhi befahl, seinen Turban abzunehmen, weigerte sich dieser, verließ den Gerichtssaal und veröffentliche daraufhin einen Protestbrief in der Lokalzeitung, in dem er sich als „unwillkommenen Gast" bezeichnete.

Die Erfahrung, die er in Durban gemacht hatte, war allerdings nichts im Vergleich zu dem, was ihm auf seiner Reise von Durban nach Pretoria widerfuhr.

Als sein Zug am späten Abend in Maritzburg ankam, wurde ihm befohlen, aus seinem Erste-Klasse-Abteil auszusteigen und sich ins Gepäckabteil zu begeben. Er weigerte sich, wurde jedoch kurzerhand aus dem Wagon geworfen. Es war eine bitterkalte Nacht, in der er sich in den unbeleuchteten Wartesaal des Bahnhofs von Maritzburg schlich und über das Geschehene grübelte. Sein Klient hatte ihn nicht vor den erniedrigenden Umständen, in denen Inder in Südafrika leben mussten, gewarnt. Sollte er nicht den Vertrag kündigen und nach Indien zurückkehren? Oder sollte er diese Brüskierungen als Teil der Abmachung akzeptieren?

Bis zu diesem Zeitpunkt war Gandhi nicht durch sein Selbstbehauptungsvermögen aufgefallen, sondern eher durch seine krankhaft schüchterne und zurückhaltende Art. Aber etwas geschah mit ihm in dem windgepeitschten Wartesaal des Bahnhofs von Maritzburg, während er unter dieser Verschmähung litt. Seine Seele wurde hart wie Stahl. Rückblickend schien ihm dieses Ereignis als eines der entscheidendsten seines Lebens. Von dieser Stunde an weigerte er sich, Ungerechtigkeit als Teil der natürlichen – oder unnatürlichen – Ordnung in Südafrika zu akzeptieren.

Er würde mit Vernunft und Verstand urteilen, er würde Rechte geltend machen, er würde an das Urteilsvermögen und an die verborgene Menschlichkeit der herrschenden Rasse appellieren und er würde Widerstand leisten; jedoch würde er nie wieder ein bereitwilliges Opfer von Rassenarroganz sein. Es ging in erster Linie nicht darum, seine eigene Selbstachtung zurückzugewinnen, sondern vielmehr die seiner Gemeinschaft, seines Landes, ja selbst die der Menschheit.

Foto: Mani Bhavan Gandhi Museum.

1894

Founder Of The Natal Indian Congress 1894

01.Mr.Abdulla Hajee Adam Zaveri
(Founder President of Natal Indian Congress 22nd August1894)
02.Mr.M.K.Gandhi(Secretary of Natal Indian Congress 22nd August1894)
03.Mr.Abdul Karim Hajee Adam Zaveri (2nd President of the Natal Indian Congress1896)

This page is taken from Gandhiji's book 'AKSHARDAE' (Part 1).
The miniutes written on the opposite side are the miniutes of 1894
FIRST NATAL INDIAN CONGRESS.
The miniutes are written by Gandhiji himself in **his own writting.**

FRONT PAGE OF THE CONSTITUTION OF THE NATAL INDIAN CONGRESS

Die nächsten 21 Jahre verbrachte Gandhi damit, die Rechte der Inder in Südafrika zu stärken. Während der ersten drei Jahre lernte Gandhi viel über die Missstände unter den Indern, studierte das Gesetz, schrieb Briefe an die Behörden und stellte Anträge. Am 22. Mai 1894 begründete Gandhi den *Natal Indian Congress* (NIC). Auch wenn der NIC zunächst eine Organisation für wohlhabende Inder war, arbeitete Gandhi unablässig daran, seine Mitgliedschaft auf alle Schichten und Kasten auszuweiten. Gandhi wurde bekannt für seinen Aktivismus, und über seine Taten wurde sogar in englischen und indischen Zeitungen berichtet. In nur wenigen Jahren wurde Gandhi zu einem Anführer der indischen Gemeinde Südafrikas.

Foto: Gandhi mit den Mitbegründern des Natal Indian Congress Durban. Südafrika, 1895.

1896

IM JAHRE 1896, NACHDEM ER DREI JAHRE LANG IN SÜDAFRIKA GELEBT HATTE, SEGELTE GANDHI NACH INDIEN MIT DER ABSICHT, SEINE FRAU UND SEINE ZWEI SÖHNE MIT SICH ZURÜCKZUBRINGEN.

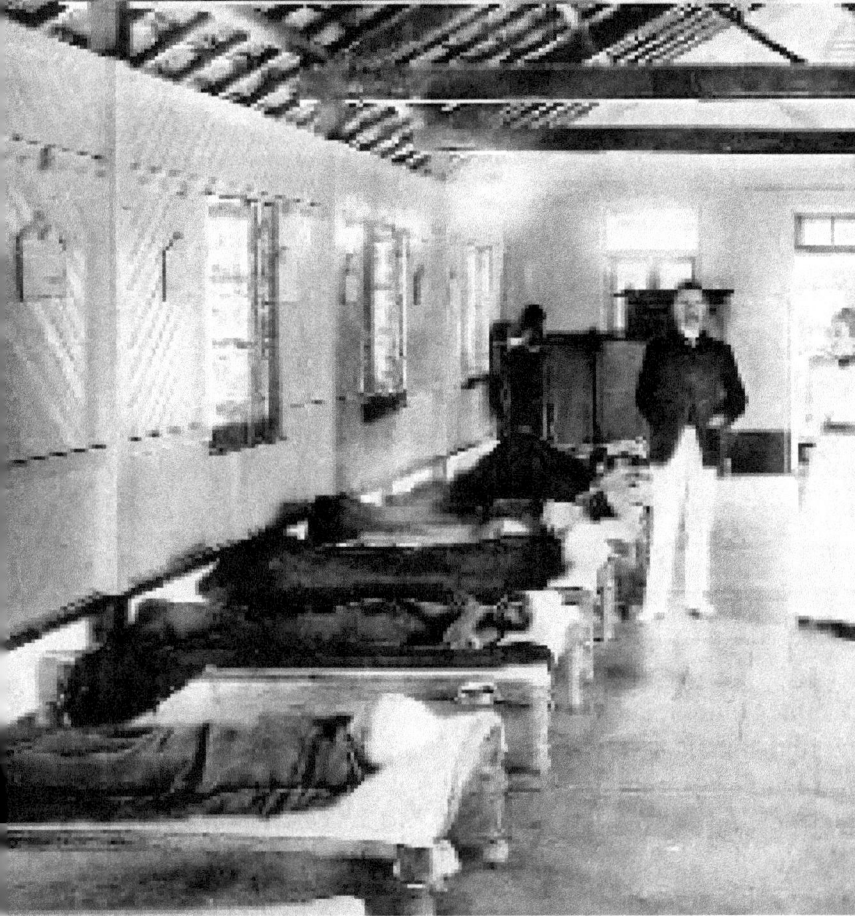

Während seines Aufenthalts in Indien brach die
Beulenpest aus. Da man davon ausging, dass
der schlechte Zustand der sanitären Anlagen der
Grund für den Ausbruch der Seuche war, bot Gandhi an,
bei der Inspektion der Latrinen zu helfen und machte
Verbesserungsvorschläge für ein besseres Sanitärsystem.
Während andere sich bereit erklärten, die Toiletten der
Wohlhabenden zu inspizieren, inspizierte Gandhi persönlich
die Latrinen der Unberührbaren sowie die der Reichen.
Er befand, dass die Wohlhabenden die größeren sanitären
Probleme hatten.

1896

Am 30. November 1896 brachen Gandhi und seine Familie in Richtung Südafrika auf. Gandhi war nicht bewusst, dass während seiner Abwesenheit der Inhalt seines Pamphlets über die Missstände unter Indern, auch als das „Grüne Pamphlet" bekannt, überspitzt und sinnentstellt worden war. Als Gandhis' Schiff im Hafen von Durban einfuhr, wurde es für 23 Tage unter Quarantäne gestellt. Der wahre Grund für die Wartedauer war jedoch der große, wütende, kaukasische Mob am Dock, der glaubte, dass Gandhi mit zwei Schiffladungen voller indischer Passagiere zurückgekehrt war, um Südafrika zu überrennen. Als es ihm erlaubt wurde, von Bord zu gehen, brachte Gandhi seine Familie erfolgreich in Sicherheit, er selbst jedoch wurde mit Backsteinen, verfaulten Eiern und Fäusten angegriffen. Gandhi wurde drangsaliert und heftig geschlagen und nur durch das Eingreifen von Mrs. Alexander, der Frau des Polizeihauptkommissars, gerettet, die ihn in Sicherheit brachte. Nachdem Gandhi die Beschuldigungen gegen ihn bestritten und sich geweigert hatte, seine Angreifer strafrechtlich zu verfolgen, hörte die Gewalt gegen ihn auf. Indes vergrößerte der Vorfall Gandhis Ansehen in Südafrika.

1897

Ramdas Mohandas Gandhi (1897–1969) war der dritte Sohn Gandhis. Er wurde 1897 in Südafrika geboren und überlebte seine Eltern und alle seine Brüder. Er und seine Frau Nirmala Gandhi hatten zusammen drei Kinder, Sumitra, Kanu und Usha. Er wirkte aktiv in der Unabhängigkeitsbewegung seines Vaters mit.

1899

Als der Burenkrieg 1899 in Südafrika begann, organisierte Gandhi den *Indian Ambulance Corp*, in dem 1100 Inder heldenhaft verletzten britischen Soldaten halfen. Das durch diese Unterstützung entstandene britische Wohlwollen gegenüber südafrikanischen Indern hielt gerade lange genug an, dass Gandhi Ende 1901 für ein Jahr nach Indien zurückkehrte.

Foto: Gandhi mit den Sanitätern des Indian Ambulance Corp während des Burenkriegs, Südafrika. 1899.

SÜDAFRIKA

Foto: Gandhi während der ersten Zeit als Anwalt, Johannesburg. 1901.

Nachdem er durch Indien gereist war und erfolgreich auf die Ungerechtigkeiten, die die unteren Schichten des indischen Systems erleiden mussten, aufmerksam gemacht hatte, kehrte Gandhi wieder nach Südafrika zurück, um seine Arbeit dort fortzuführen.

- Devdas Mohandas Gandhi wurde 1900 in Südafrika geboren. Er war Gandhis' vierter und jüngster Sohn und kehrte gemeinsam mit seinen Eltern nach Indien zurück. Er wurde aktiv in der Bewegung seinen Vaters und saß zahlreiche Haftstrafen im Gefängnis ab. Er verbrachte sehr viel Zeit mit seinem Vater. Er wurde ein bekannter Journalist und war der Redakteur der *Hindustan Times*.

1901

Bei der Kalkutta-Versammlung 1901 stand Gandhi das erste Mal auf dem Kongresspodium. Als in Südafrika tätiger Anwalt drängte Gandhi den Kongress dazu, den Kampf gegen Rassendiskriminierung und Ausbeutung im Land zu unterstützen.

Foto: Gandhi 1934.

Nach der Kongressversammlung in Kalkutta entschied Gandhi, in der Holzklasse durch Indien zu reisen. Er fuhr auch noch weiter in der günstigsten Klasse, als er bereits den Titel „Mahatma" trug. Selbst seine Asche fuhr dritter Klasse nach Allahabad.

KASTURBA GANDHI UND IHRE VIER SÖHNE, HARILAL GANDHI,
MANILAL GANDHI, RAMDAS GANDHI UND DEVDAS GANDHI, IN
SÜDAFRIKA.

1902

1903

Gandhi ist auf diesem Foto als praktizierender Rechtsanwalt in Südafrika zusehen. Er sitzt vor einem Fenster auf dem sein Name steht, zur Linken H.S.L. Polak mit seinem Schreiber. Die Frau ist Miss Schlesin, eine russische Dame.

Foto von Keystone.

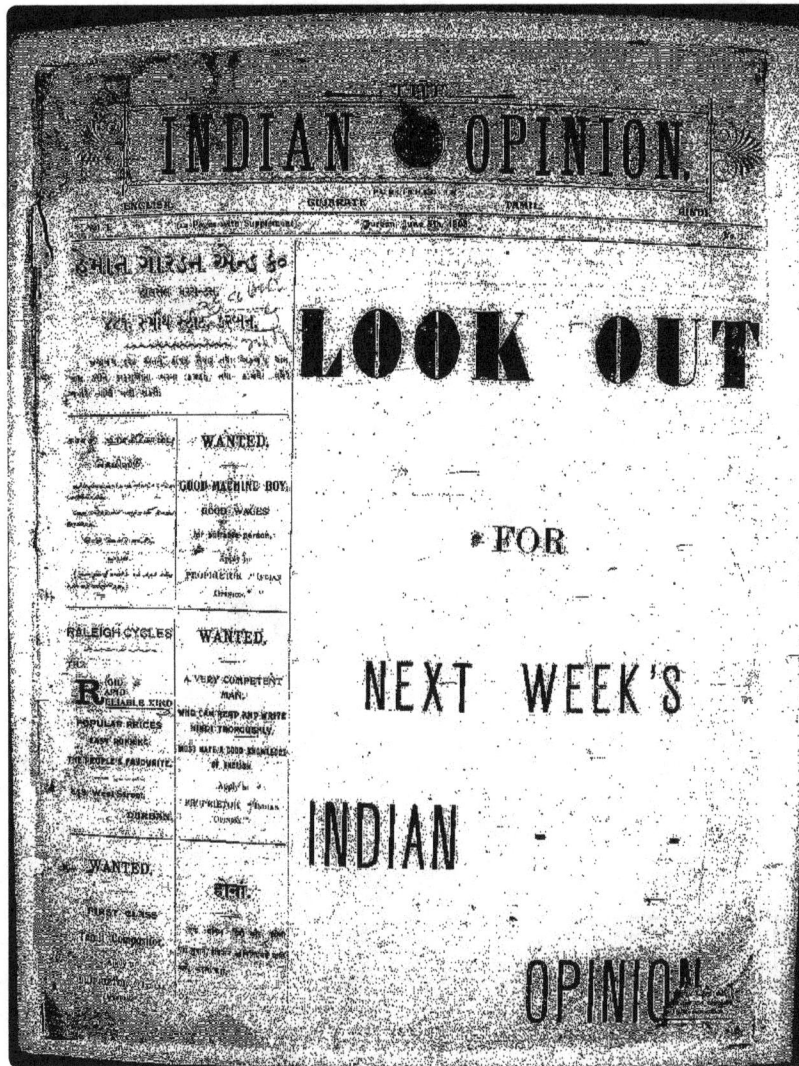

DIE INDIAN OPINION

*Foto: Gandhi mit Kollegen
in Südafrika, 1903.*

Gandhi gründete eine Zeitung, die *Indian Opinion* („die Indische Meinung") hieß und später in „Opinion" umbenannt wurde. Die Zeitung startete 1903 und wurde bei der *International Printing Press* fortwährend bis 1961 gedruckt.

Foto (oben): 4. Juni 1903. Journal Bandnummer 1, 1. Ausgabe.

Foto: Gandhi mit Kollegen in Südafrika, 1903.

1904

Unter dem Einfluss der Gita wollte Gandhi sein Leben läutern, indem er die Lehre des Aparigraha (keine Besitztümer) und Samabhava (Gleichmut) befolgte. Im Juni 1904 baute Gandhi eine kommunale Gemeinde auf, das *Phoenix Settlement*, außerhalb von Durban. Das Gemeindeleben sollte frei von nutzlosen Besitztümern und wie eine vollkommen gleichberechtigte Gesellschaft sein. Gandhi brachte die *Indian Opinion* und ihre Angestellten sowie seine eigene Familie dorthin.

Foto: Thabo Mbeki.

I3 Phoenix Settlement

Im Phoenix Settlement begann Gandhi seinen Wandel vom erfolgreichen Rechtsanwalt zum einfachen Bauern mit einer Leidenschaft für Befreiung, Gewaltlosigkeit und Spiritualität. Auf diesem Stück Land fing er an, kommunales Leben, Besitzlosigkeit, interreligiöse Harmonie, Einfachheit, Erhaltung und Schutz der Umwelt, körperliche Arbeit, soziale und wirtschaftliche Gerechtigkeit, gewaltlose Aktionen und die Prinzipien von Bildung und Wahrheit auszuprobieren.

Gandhi gründete seine erste Zeitung 1903 in Durban, Südafrika, und brachte 1904 ihr gesamtes Equipment ins Phoenix Settlement. In den frühen Anfängen hatte diese Gemeinschaft drei wichtige Richtlinien:

1. Kommunales Zusammenleben und Selbstversorgung durch Lebensmittelanbau;
2. Die Zeitung *Indian Opinion* herausbringen;
3. Unterkünfte, Nahrung und Bildung für die Familien anbieten, die an den Satyagraha-Kampagnen beteiligt waren.

Die Zeitung veröffentlichte bis 1962 wöchentliche Ausgaben, die sich mit Gandhis Ideen und Vorstellungen auseinandersetzten. Das Konzept der Zusammenarbeit klappte nicht gut. Familien, die im Settlement wohnten, gingen auf der Suche nach besseren Lebensumständen fort. Die politischen Aktivitäten bestanden weiter, sein Leben lang war Manilal Gandhi aktiv an Widerstandskampagnen beteiligt, und das *Phoenix Settlement* blieb eine Inspiration für politische Führungspersönlichkeiten. In den Jahren nach Gandhis Abschied vom Phoenix Settlement nahm die wöchentliche Zeitung die wichtigste Position ein.

Foto: Sushila Gandhi im neuen Zeitungsgebäude.

1914 verließen Gandhi und seine Familie Südafrika. Allerdings kehrten seine zwei Söhne, Manilal und Ramdas, 1918 zurück, um die Indian Opinion weiter zu publizieren, sich politisch zu engagieren und das Phoenix Settlement instand zu halten.

Ramdas Gandhi kehrte nach kurzer Zeit wieder nach Indien zurück, sein Bruder Manilal blieb jedoch, um weiterhin mithilfe des Treuhandvermögens des *Phoenix Settlement* in Südafrika zu arbeiten, bis er im April 1956 starb. Nach seinem Tod übernahm Sushila Gandhi die Verantwortung für das Werk der Familie und betreute das Settlement bis zu Ihrem Tod 1988.

Foto: Manilal Gandhi vor der Druckerpresse.

1906

Währen des Zulu-Aufstands befand Gandhi, dass es das Beste für die Inder in Südafrika wäre, als Reservearmee auf der Seite des Britischen Empire zu dienen. Gandhi animierte die Briten dazu, Inder zu rekrutieren. Seiner Meinung nach sollten die Inder den Krieg unterstützen, um ihren Anspruch auf volle Staatsbürgerschaft zu legitimieren. Die Briten weigerten sich jedoch, Inder als Armeeoffiziere in den Dienst zu stellen. Trotzdem akzeptierten sie Gandhis Angebot, wonach eine Abteilung von

Indern sich als Sanitäter meldete, um verwundete britische Soldaten zu pflegen. Dieses Sanitätskorps bestand aus 21 Personen und war Gandhi unterstellt. Gandhi drängte die indische Bevölkerung Südafrikas in seinen Kolumnen in der *Indian Opinion* dazu, sich dem Krieg anzuschließen: „Würde die Regierung nur verstehen, um was für eine Verschwendung von Hilfstruppen es sich handelt, würden sie es sich zu Nutzen machen und den Indern eine vollständige Ausbildung in Kriegsführung ermöglichen." Später, im Jahr 1927, schrieb er zu dem Ereignis: „Es ist kein Krieg, sondern eine Menschenjagd."

Foto (links): Ein indischer Freiwilliger im Sanitätskorps während des Zulu-Aufstands in Südafrika, 1906.

Im Jahr 1906 leistete Gandhi den Brahmachrya-Schwur (er beinhaltet sexuelle Abstinenz, sogar der eigenen Ehefrau gegenüber), da er empfand, dass das Familienleben sein volles Potenzial als Anwalt beeinträchtigte: „Nach einem ausführlichen Gespräch und reifer Überlegung habe ich 1906 den Schwur geleistet. Ich hatte bis dahin diesen Gedanken meiner Frau noch nicht mitgeteilt, sondern erst dann, als ich den Schwur ablegte. Sie hatte nichts dagegen einzuwenden. Aber mir bereitete es große Schwierigkeiten, die schlussendliche Entscheidung zu treffen. Ich hatte nicht die nötige Stärke. Wie könnte ich nur meine Leidenschaft kontrollieren? Der Verzicht auf fleischliche Beziehungen mit der eigenen Ehefrau schien zu dem Zeitpunkt seltsam. Doch durch meinen Glauben in die immerwährende Kraft Gottes konnte ich einen Anfang machen."

The Yogis say that part of the human energy which is expressed as sex energy, in sexual thought, when checked and controlled easily becomes changed into Ojas.

Foto: Swami Vivekananda.

1906-1908

Foto: Gandhi als Rechtsanwalt in Südafrika. 1906.

Gandhi zufolge hatte es ihm sein Brahmacharya-Schwur Ende 1906 ihm ermöglicht, sich auf die Lehre des Satyagraha zu konzentrieren. Im einfachsten Sinn bedeutet Satyagraha „passiver Widerstand". Allerdings fand Gandhi, dass „passiver Widerstand" nicht den wahren Geist des indischen Widerstands verkörperte, da der Ausdruck „passiver Widerstand" oft im Zusammenhang mit den Schwachen genannt wurde und eine Taktik darstellte, die auch mit Zorn durchgeführt werden konnte. (Satyagraha bedeutet in der wörtlichen Übertragung: „die Kraft, die aus Wahrheit, Liebe und Gewaltlosigkeit geboren wird", um es einfach auszudrücken, die „Seelenkraft").

Am 11. September 1906 entschied Gandhi, den umfassenden passiven Widerstand Satyagraha einer Prüfung zu unterziehen. In Johannesburg war das Versprechen gegeben worden, sich dem *Black Act* zu widersetzen. Gandhi berief sodann ein Treffen von über 3000 Indern aus Transvaal im Empire-Theater in Johannesburg ein. Seines Erachtens war der *Black Act* die Verkörperung des „Hasses auf Inder", und falls dieser akzeptiert werden sollte, würde er „den absoluten Untergang für Inder in Südafrika" bedeuten. Deshalb war der Widerstand dagegen eine „Frage auf Leben und Tod.

Als Gandhi seine Rede beendet hatte, war die indische Gemeinschaft erregter und enthusiastischer als jemals zuvor. Noch bevor die Versammlung beendet wurde, standen alle 3000 Menschen auf, und mit zum Himmel erhobenen Händen schworen sie bei Gott, sich der Verordnung nicht zu unterwerfen, wenn sie Gesetz würde.

Serial No 7391   C.S.O. 187.
                                                  ✗ 6615.

Transvaal Asiatic Registration Certificate.

Name in full Jooma Cassum

Race B. Indian   Age 30 Height 5' 9½ boots

Description Mole right forearm slightly pock marks

Registrar of Asiatics.

Date of Issue 21st May 1908

Holder's
Signature } (signature)

Name of Wife Assa   Residence Boksburg

SONS and MALE WARDS under the age of 16 years.

NAMES.	AGE.	RESIDENCE.	RELATIONSHIP TO GUARDIAN.
Allibhai	11	India	Son
Hussambhai	1½	Boksburg	do
Abdul Hamid	4½	Boksburg	son (signatures)

Foto: Ein Beispiel
für eine asiatische
Registrierungskarte.
Dies ist die einzige
noch existierende
Kopie einer solchen
Karte, zu den
darauf registrierten
Personen sind keine
weiteren Details
bekannt.

FÜR DIE NUTZUNG VON WEISSEN PERSONEN

DIESE ÖFFENTLICHEN RÄUMLICHKEITEN UND IHRE AUSSTATTUNG SIND AUSSCHLIESSLICH FÜR DIE NUTZUNG DURCH WEISSE RESERVIERT.

Auf Anordnung des Provinzsekretärs

Der *Asiatic Registration Act* in der Transvaal-Kolonie stellte eine Ausweitung der speziell auf Asiaten abzielenden (Inder und Chinesen) Pass-Gesetze dar. Gemäß diesem Gesetz musste jeder männliche Asiat registriert sein und auf Nachfrage ein Identitätszertifikat mit Daumenabdruck vorweisen können. Nicht registrierte Personen und illegale Einwanderer konnten, ohne das Recht auf Berufung, deportiert oder auf der Stelle mit einer Geldstrafe belegt werden, wenn sie den Bestimmungen des *Act* nicht nachkamen.

THE ASIATIC TROUBLE.

A COMPROMISE.

TERMS OF THE AGREEMENT.

GANDHI RELEASED.

INDIANS DELIGHTED AT THE RESULT.

We are informed that negotiations between the Government and the Asiatics, which have apparently been proceeding for some days, were yesterday brought to a successful issue.

It appears that Mr. Gandhi and other leaders of the Indian and Asiatic communities made overtures to the Government with a view to effecting a compromise on the registration question; and ultimately offered, on behalf of the Asiatic community, to register voluntarily in a body within three months on the following conditions:—

(1) That those Asiatics who are educated, or own property, or are well known (that is, we presume, of a certain standing) are only required to sign their names to a document of identification.

(2) That answers are not insisted upon to questions to which Asiatics have religious objections to replying.

The Government, we learn, have accepted this offer, and have undertaken that, pending registration, penalties under the Act will not be enforced.

The sentences of all Asiatics now in prison are remitted, and this course, it is stated, has been agreed to by both political parties.

INTERVIEW WITH GEN. SMUTS.

Interviewed yesterday by a "Mail" representative regarding certain cabled extracts from the Asiatic Blue Book recently issued in London and published in yesterday's "Mail," the Colonial Secretary stated that it was quite true that the Government had quite recently assured the Imperial Government of its willingness to exempt ruling Indian Chiefs, distinguished Indians, and others of Asiatic descent, from giving their finger prints. The Government was quite willing to accept the signatures of such individuals.

As the point had been raised in England it was thought unnecessary to make any public statement in this Colony until the Blue Book was published.

Asked concerning the limitation or abolition of the powers conferred upon the Government by sub-section (b) of clause 4 of the Immigrants Restriction Act, the Colonial Secretary replied that no mention had been made of the Government's intentions locally, because that particular section had no reference to the Asiatics. The clause was a general one and was applicable to immigrants of all races.

It was never the intention of the Government, he pointed out, to make use of this section, save only in the most extreme cases, such for instance as rebellion or civil disorder.

With reference to the statement made by Mr. Asquith in the House of Commons on Wednesday, to the effect that negotiations were proceeding between the Transvaal Government and the Asiatics which, it was hoped, would remove the just cause of grievance on the part of the Indians, the Colonial Secretary said that he also shared that hope. But Mr. Asquith's speech must not be taken to mean that the Government would concede the finger print system, the use of which it did not regard as a "just grievance."

RELEASE OF MR. GHANDI.

"Ghandi is released."

The word passed from mouth to mouth and long before midnight practically the whole of the Asiatic community in Johannesburg was aware of the fact. Their joy and delight was great. It was soon learnt that Mr. Ghandi had been released from the Fort early in the day, when many were not yet at breakfast, and was on his way to Pretoria. So secretly were all the negotiations, and his departure from Johannesburg, kept secret that there was barely one person aware of it.

He returned by the 9.51 train from Pretoria, and was met by a couple of his most intimate friends. The authorities had, however, feared that a demonstration might take place, and a sergeant and two constables were sent to Park Station to keep in order a crowd which did not turn up; so careful was Mr. Ghandi not to create any wrong impression such as a demonstration would have caused.

Mr. Ghandi, on his return, was seen by a "Mail" representative. Physically Mr. Ghandi did not appear to have suffered by his incarceration, as he looked well and healthy, and as can be imagined was in the best of spirits.

Many questions regarding the compromise were immediately levelled at his head, but to all these Mr. Ghandi replied in a non-committal manner. This, however, was gathered, namely, that he had been to Pretoria and had there had an interview with the Government, the ultimate result of which was that an amicable settlement was arrived at.

Honourable to both sides, Mr. Ghandi? Perfectly. The honour of the Colony has not been affected in the least, while the feelings and scruples of the Asiatics have received the fullest consideration?

Then it is no climb-down? Absolutely not. We have merely made an arrangement by which the whole question has been satisfactorily settled—satisfactory to all parties concerned.

Anything more? Mr. Ghandi drew the line here and intimated that the time was not opportune to say anything further regarding the negotiations.

Our representative then noticed that Mr. Gandhi's head was closely cropped and that his moustache was cut. He was asked whether he had been subjected to the regulations usually applied to criminals.

No, said Mr. Gandhi, this is all my own doing. As you know prisoners are not allowed the use of combs and brushes, so from hygienic motives I applied to the Governor of the Fort to be allowed to have myself cropped. He demurred at first but then I readily consented and—now look at me, upon which he raised his headgear and exposed his nearly bald head.

How were you treated while in the Fort?

With as much consideration as the Governor could possibly allow us under the regulations? I must express my appreciation of the manner in which we were treated by the officials there, but their powers in this direction are limited.

And the food? The usual diet.

In what part of the prison were you placed? In the native section.

This was all the conversation that could be had during the short journey to the Mosque at Fordsburg. At the latter catherine place Mr. Ghandi met a number of his compatriots—although the hour was past midnight. To these faithful henchmen he briefly explained what had led to his release.

The impression gained during the conversation gives above was that, Mr. Ghandi was in no way inclined to consider his release from gaol as a victory to the participants in the passive resistance movement. On the other hand he seemed keenly pleased that a settlement had been come to by which neither side had suffered in honour, integrity or prestige.

The remaining Asiatics will be liberated from the Fort this morning.

GEN. SMUTS AND NATAL INDIANS.

Durban, Thursday.

Both the "Mercury" and the "Witness" this morning commend General Smuts' speech on the Indians in Natal. The former says:—"His expression of opinion will not be regarded as an interference. The tone is somewhat objectionable, but his views coincide with the majority in the Colony, and it is unquestionably a matter on which our neighbours have a right to let their voices be heard."

The "Witness" says:—"His words contain wholesome advice. There are signs that the Colony is awakening to a sense of the evil which is threatening its future prosperity."

The "Times" considers General Smuts' attitude intelligible and up to a point perfectly justifiable. The paper suggests that the question is one which might be considered at the forthcoming Inter-Colonial Conference.—Reuter.

ANNOUNCED FROM LONDON.

STATEMENT BY MR. ASQUITH.

London, Thursday, Jan. 30.

In the House of Commons last night, Mr. Asquith, speaking to Mr. Cox's amendment on the Transvaal Asiatic question, said the Government had the best ground for hoping that the negotiations proceeding between the Transvaal Government and the leaders of the Indian community would remove just cause for grievance without the Transvaal sacrificing a policy on which all white people in the colony were united.

Mr. Cox thereupon withdrew his amendment.

According to the Johannesburg correspondent of the "Standard," a settlement of the Asiatic trouble has been effected.

He says that the terms arranged include the abandonment of finger-prints and the acceptance of signatures instead, and the release of Mr. Gandhi and others who were imprisoned for not registering.—Reuter.

Later.

Reuter's Agency learns that the terms of the settlement in connection with the registration of Asiatics in the Transvaal have been fixed, but have not been communicated to London yet.—Reuter.

FIRST PROSECUTION IN VOLKSRUST.

(From Our Own Correspondent.)

Volksrust, Thursday.

The first prosecution under the new Asiatic Ordinance in Volksrust...

Letters to the Editor

The Asiatic Question

Sir,—The Supreme Court has decided that Asiatics have no right to recall voluntary registration applications. The object of going to Court was for voluntarily registered Asiatics to place themselves on the same footing as their unregistered brethren, who, they contend, have a right to be placed on a par with them, but who, General Smuts contends, ought to be banished out of the country or, being absent, should not be allowed to return to the country of their domicile.

The questionable victory gained by General Smuts on a highly technical point of law will not thwart the purpose of the Asiatics to become disregistered, provided that they have sufficient courage and spirit of self-sacrifice.

The application to the Supreme Court had to have a legal as also a moral basis. The legal basis consisted in the ability on either side to treat the compromise as a nullity, without getting any relief from the Court. The moral basis consisted in showing that Asiatics wished to treat it as a nullity, because of its breach by General Smuts.

The breach is two-fold. General Smuts will not repeal the Act without imposing unacceptable conditions, and he will not take voluntary registration in terms of the compromise from those who are now entering the country, and who are entitled to enter it. General Smuts denies having promised to repeal the Act, and interprets the compromise to mean that those who entered the country after the lapse of three months after the date of the compromise should register under the Act. Let the public judge the meaning of the following:—"Under these circumstances, we would once more respectfully suggest to the Government that all Asiatics over the age of 16 should be allowed, within a certain limited period, say, three months, to register themselves, and that to all who so register the Act be not applied, and that the Government take whatever steps they deem advisable to legalise such registration. Such mode of registration should apply to those also who, being out of the Colony, may return and otherwise possess the right of re-entry." General Smuts says that the men who were out of the Colony should have returned within the three months in order to entitle them to come under the compromise. I ask whether it was possible ever to inform Asiatics throughout the world of the existence of the compromise, or for them to return within that period?

As to the promise of repeal, I beg to ask your indulgence for publication of the enclosed correspondence, and to leave it to the public to judge whether the repeal was promised or not. I would draw attention to the fact that in answer to my letter of February 22, detailing the legislation to repeal and replace the Asiatic Act, there is not one word of repudiation of the promised repeal. Of my allusions to the promise in the correspondence that took place after suspicions were roused there is no repudiation. My pointed questions are evaded. I add to this the statement that immediately after the assault committed on me, as a result of my acceptance of the compromise, Mr. Chamney saw me at Mr. Doke's house, and he and I drew up a notice for publication in Asiatic languages that, the Asiatics complying with the compromise, the Act would be repealed. This notice Mr. Chamney said would be taken to General Smuts and then published. He returned the next day, or the day after, and informed me that Asiatics were registering, and enquired whether, in view of that fact, it was necessary to publish the notice. I never dreaming of recantation on General Smuts's part, said it need not be published. I challenge him to produce the original draft, if it is still in existence. I add, further, that Mr. Chamney—not once, but often—told me that General Smuts would keep his promise and repeal the Act, and that not much over a month ago I met

him by appointment at Winchester House, where he actually discussed the draft submitted by me, and, in the main, approved of it. He has, on oath, denied that General Smuts promised repeal in his presence. He may similarly deny the statements I am now making. But truth is superior to General Smuts, him, and me.

The path before my countrymen is clear. They must be prepared again to suffer. Through their sufferings the public will see who was right.

Let me reiterate the points of dispute. Though promise of repeal is denied, General Smuts is ready to repeal the Act if we would submit to the rights of domiciled Asiatics, and educated Asiatics who are entitled under the Immigrants Restriction Act to enter the country, being taken away.—I am, etc.,

M. K. GANDHI.

July 2.

[We are unable for reasons of space to publish the correspondence enclosed, but hope to publish it in a succeeding issue.—Ed.]

Gandhi schreibt an den Redakteur des *The Leader*, eine transvaalische Zeitung, dass Smuts gegen die Vereinbarungen des Kompromisses zwischen Gandhi und Smuts verstoßen habe.

Der Hauptpunkt dieses Artikels ist, dass es Indern nicht erlaubt war, ihre Registrierung zu widerrufen, was bedeutete, dass sie, um nochmals ungültig zu werden, verbrannt werden musste.

Interessanterweise beinhaltet der Artikel ebenfalls Gandhis eigene Schilderung, wie der Kompromiss – Minuten bevor er sich registrieren ließ und nachdem er „brutal angegriffen" worden war – zustande kam.

"Brief an den Redakteur",
The Leader,
3. Juli 1908.

SMUTS v. GANDHI.

THE FIGHT OVER THE ACT.

Prominent Indians Sentenced.

Hawking as a Protest.

Fourteen Exemptions.

There was considerable interest in the Indian cases before the Court to-day when the negotiations in connection with the Asiatic Act came to an end after the test case in the Supreme Court. The Indians decided to adopt aggressive measures with the view of forcing their case before the public, and a number of prominent Indians decided to place themselves in conflict with the law by hawking without licences. These men have within the last few days offered fruit to licence inspectors and policemen, and it was only yesterday that they found officials obliging enough to arrest them.

They were brought before Mr. Dumahoy, in D Court, this morning. The first batch put in the dock were Iman Abdul Bawazeer, S. P. Vyas, M. G. Patel, and G. K. Desai. They were charged with trading without having proper licences.

J. B. Barnett, Inspector of Licences, stated he arrested the accused at 2.30 p.m. yesterday at the corner of Market and Simmonds Streets. They stated they had not taken out licences.

Mr. Gandhi, who defended, called Bawazeer, who said, in reply to his question, that he was chairman of the Hamidia Islamic Society and assistant priest of the Indian Mosque. He often conducted service at the Mosque. He had lately taken to hawking.

Will you explain to the Court why?—Because there was a compromise between General Smuts and some of the Indian leaders.

The Crown Prosecutor intervened, and asked if the witness knew this of his own knowledge.

The Magistrate: Has he got permission from the Colonial Secretary to hawk without a licence?

Mr. Gandhi: No. Continuing, Mr. Gandhi said the reason why he wanted to lead evidence was just the same as that he gave yesterday. The Court had a right to know, he thought, why a gentleman occupying the position of the accused had taken to hawking.

The Magistrate said it was not a matter which concerned the Court.

Mr. Gandhi replied that if that was not a question of interest it was a question of justice.

Witness (continuing) said that when the compromise was effected he assisted in fulfilling it, but he now found that the compromise, so far as the Government was concerned, was not being properly fulfilled, and as a protest he took to hawking without a licence.

The Magistrate asked was he one of the fourteen people exempted.

Mr. Gandhi said he did not know of any exemptions. If there were people exempted they were in a most fortunate position.

The Crown Prosecutor said there were a certain number of exemptions, and witness would probably know if he was exempt.

Mr. Gandhi said he had not the slightest information of any exemptions. His position was that his client felt aggrieved and decided to suffer with his poorer countrymen because they were suddenly called upon to submit to the Asiatic Act, having complied with voluntary registration. They thought they would not be called upon to do so.

The Magistrate: You took to hawking lately to put yourself in the same position as the hawkers?

Accused: I took to hawking to defend my people.

Mr. Gandhi: You are one of the people who assisted the Government in carrying out the compromise?—Yes; I endeavoured to explain to my own people what the compromise was, and I told them if they complied with voluntary registration they would not be called upon to submit.

And the members of the society you represent followed your advice and took out voluntary registration certificates?—Yes.

You yourself took out a voluntary registration certificate?—Yes.

In further examination the witness said he had seen a circular in connection with hawkers who did not comply with the Act. He was married and had a wife and children residing in Johannesburg, and he had resided here himself for thirteen years.

THE EXEMPTIONS.

Mr. T. H. Jefferson, Chief Inspector of Licences, called by Mr. Gandhi, stated he had got a list of names of people who were exempted from having to comply with the terms of the Act. They were not compelled to give thumb impressions. He could not recall the names and he only got the list yesterday. He did not know if any of the accused were exempt.

Mr. Gandhi, in his address to the Court, said the only point he would deal with was the question of exemptions. He asked the Court to take note of the arbitrary proceedings on the part of the Government. He had absolutely no knowledge that there were any exemptions, but he wished to point out that in the Asiatic Act there was absolutely no authority given to the Government to grant exemptions, and was the Court going to countenance an arbitrary administration of the Act.

The Magistrate said the charge was admitted and that all he had got to do with it. He sentenced the accused to pay a fine of 10s. or imprisonment for four days with hard labour.

Four Mahomedans and a man named S. Blagas were similarly sentenced after formal evidence.

Signatory to Compromise.

Thambi Naidoo was also charged with hawking without a licence, and after formal evidence of arrest the accused gave evidence. He stated he was a carriage contractor and had taken to hawking since last Friday. He went to gaol in January last for non-compliance with the Registration Act. He was one of the signatories to the letter addressed to General Smuts in connection with the compromise, and in trying to carry out the Indian part of the compromise he suffered assault.

A similar sentence to the others was passed.

The Indians about the Court were afterwards addressed by Mr. Gandhi.

Dieser Artikel gibt detailliert wieder, wie Gandhi die Verteidigung eines indischen Anführers übernahm, der wegen Hausierhandels festgenommen worden war, obwohl er eine Registrierungskarte/Aufenthaltserlaubnis besaß. Er liefert konkrete Beweise dafür, wie durch das Scheitern der Regierung, die Kompromissvereinbarung einzuhalten, indische Politiker in Südafrika zu ihren Taten getrieben wurden.

*"Smuts vs. Gandhi",
The Star,
July 22, 1908.*

Dieses Foto wurde 1908 aufgenommen, zwei Jahre nach dem Beginn von Satyagraha in Südafrika. Hier werden am 16. August 1908 2000 Registrierungskarten vor der Hamidia Moschee in Johannesburg verbrannt. Der erbitterte Widerstand gegen Gandhis Kompromiss mit Smuts wurde dadurch gerechtfertigt, dass die transvaalische Regierung es nicht schaffte, den Act aufzuheben. Unerschrocken führte Gandhi erneut eine Widerstandskampagne, die mit der öffentlichen Verbrennung tausender Registrierungszertifikate begann. Er erweiterte die Aktion, indem er das Immigrationsverbot, das für Inder zwischen Natal und Transvaal bestand, durch einen Marsch über die Grenze herausforderte.

Foto: „Gandhi" von Peter Ruhe, veröffentlicht von Phaidon.

Foto: Gandhi vor dem Gefängnis, zusammen mit anderen friedlichen Widerstandskämpfern, Südafrika, 1908.

Foto: Gandhi erholt sich nach seiner Freilassung aus einem südafrikanischen Gefängnis, 1908. Das Foto wurde im Haus von Reverend J.J. Doke aufgenommen, seinem ersten Biographen. Durban, 10. Februar 1908.

1909

Während Gandhi zwischen dem 13. und 22. November 1909 an Bord der S.S. Kildonan von London nach Südafrika reiste, schrieb er in seiner Muttersprache Gujarati *Indian Home Rule*. In diesem Werk analysiert Gandhi die Probleme der Menschheit in der Moderne sowie ihre Ursachen, und schildert seine Lösung dafür. Die Ausgabe in Gujarati wurde von den Briten in Indien verboten. Gandhi übersetzte sodann sein Werk ins Englische, welches von den Briten nicht verboten wurde, da sie zu Recht davon ausgingen, dass das Buch wenig Einfluss auf die indische Unterwürfigkeit gegenüber den Briten und dem britischen Gedankengut ausüben würde.

Foto: Hind Swaraj oder Indian Home Rule wurde von Gandhi 1909 verfasst. In diesem Buch erklärt er seine Ansichten über Swaraj, die moderne Gesellschaft, die Technisierung etc.

1910-1912

Im Jahre 1910 kaufte Herman Kallenbach, ein enger Vertrauter Gandhis, ein Grundstück im Norden von Johannesburg und stiftete es der Satyagraha-Bewegung. Dorthin zogen Gandhi und etwa 60 seiner Anhänger, die aus verschiedenen ethischen, kulturellen und religiösen Richtungen kamen, um auf eine autarke Satyagraha-Lebensart hinzuarbeiten.

Warum wurde die Farm nach Tolstoi benannt?

In diesem Auszug aus seiner Autobiographie erklärt Gandhi: „Tolstois ‚Das Himmelreich in euch' hat mich überwältigt. Es hat einen dauerhaften Eindruck in mir hinterlassen. Im Angesicht des unabhängigen Denkens, der tiefgreifenden Moral und der Aufrichtigkeit dieses Buches schienen alle anderen Bücher, die Mr. Coates mir gegeben hatte, in Bedeutungslosigkeit zu verblassen."

Foto: Einwohner der von Gandhi gegründeten Tolstoi-Farm, Südafrika, 1910. Stehend von rechts: L. Ramsamy, Ponsamy, L.M. Morgan, Venugopal Naidoo, C.K.T. Coopoo Naidoo und K. Devar. Sitzend: Pragjee Desai, Rajee Naidoo, Joseph Roypen, Dr. Hermann Kallenbach, M.K. Gandhi, Mrs. P.K. Naidoo, Mrs. Lazarus, Mrs. C.K. Thambie Naidoo. In der dritten Reihe: Bala, Bhartasarathy, Naransamy and Puckry Naidoo (alles Söhne von Thambie Naidoo).

Foto: Gandhi während des Besuchs des indischen politischen Führers Gopal Krishna in Südafrika, Durban, 1912. Untere Reihe, Mitte, von links: Dr. Hermann Kallenbach, Gandhi, Gokhale, Parsee Rustomjee.

Gandhi mit seinen Mitarbeitern.

Kallenbach, Gandhi, Mrs. Gandhi und Parsee Rustomji.

Foto: Gandhi, Dr. Kallenbach (mit Hund), Devadas Gandhi (Gandhis Sohn, rechts) und andere vor dem „Tent" im Hof der Wohngebäude auf der Tolstoy Farm nahe Johannesburg, Südafrika. 1910.

1913

Im Jahre 1912 kam Gokhale, einer der bedeutendsten indischen Politiker jener Zeit, nach Südafrika, um mit General Smuts und anderen Mitgliedern der südafrikanischen Regierung über die Probleme der indischen Gemeinde zu diskutieren. Bei seiner Rückkehr nach Indien hatte er das Gefühl, dass der *Asiatic Registration Act* und die verhasste 3 Pfund-Steuer für die ehemals vertraglich verpflichteten Arbeiter abgeschafft werden würde. Als dies nicht geschah und sich das oberste Gericht noch eine zusätzliche Provokation in Form einer Ungültigkeitserklärung nichtchristlicher Ehen in Südafrika geleistet hatte, startete Gandhi die – wie sich später herausstellte – letzte Phase seines Kampfes in Südafrika. Im Jahre 1913 kündigte Gandhi die Wiederaufnahme von Satyagraha an: ein Angriff auf ungerechte Steuern.

Das erste Mal, dass Gandhi offiziell Satyagraha einsetzte, war Anfang 1907 in Südafrika, als er den Widerstand gegen das *Asiatic Registration Law* (als *Black Act* bekannt) organisierte. Der Black Act, der im März 1907 verabschiedet wurde, verlangte, dass alle Inder, Jung und Alt, Mann und Frau, ihre Fingerabdrücke abgeben und ihre Registrierungspapiere stets bei sich tragen mussten. Satyagraha fand dadurch Anwendung, dass Inder sich weigerten, ihre Fingerabdrücke abzugeben und vor dem Registrierungsbüro Streikposten aufstellten.

Massenproteste wurden organisiert, Bergarbeiter streikten und Unmengen von Indern reisten illegal von Natal nach Transvaal, im Widerstand gegen den *Black Act*. Viele der Demonstranten, unter ihnen auch Gandhi, wurden geschlagen und verhaftet (es war der erste von Gandhis zahlreichen Gefängnisaufenthalten). Nach sieben Jahren Protest wurde im Juni 1914 der *Black Act* endlich aufgehoben. Gandhi hatte bewiesen, dass gewaltloser Widerstand sehr effizient sein konnte.

On march through Volksrust.

Am 6. November 1913 um 6.30 Uhr morgens führte Gandhi über 2000 streikende Bergarbeiter aus Natals Kohlebergwerken, von Newcastle nach Transvaal, im Protest gegen gesetzliche Einschränkungen für Inder und das Steuergesetz. Die Marschierenden, unter ihnen auch viele Frauen und Kinder, passierten die Grenze zwischen Natal und Transvaal.

Am 9. November wurde Gandhi zum dritten Mal innerhalb von vier Tagen festgenommen. Am darauffolgenden Tag wurden die Marschierenden angehalten, in Zügen verfrachtet und zurück nach Natal gebracht. Am 11. November wurde Gandhi zu neun Monaten Zwangsarbeit verurteilt. Drei Tage später wurde er wegen eines anderen Anklagepunktes schuldig gesprochen und zu weiteren drei Monaten verurteilt. Seine Hauptverbündeten waren mit ihm in Gefangenschaft.

Die Bergarbeiter wurden allerdings nicht inhaftiert, da ihre Arbeitskraft für die Minen benötigt wurde. Sie wurden stattdessen bei den Minen hinter Maschendrahtpalisaden gefangen gehalten, streng bewacht durch ihre Aufseher. Doch weder Befehle, Drohungen oder Auspeitschen konnte sie dazu zwingen, ihre Arbeit wieder aufzunehmen. Letztendlich wurden zahlreiche Treffen einberufen und ein Briefwechsel entstand. Die Satyagraha-Kampagne wurde ausgesetzt, nachdem den hauptsächlichen Beschwerdepunkten der Inder stattgegeben worden war. Die jährliche Steuer wurde abgeschafft und nichtchristliche Ehen anerkannt. Andere geringfügigere Angelegenheiten wurden ebenfalls beigelegt. Gandhi hatte seinen Feldzug gewonnen. Die südafrikanischen Inder wollten zwar, dass Gandhi blieb, bis alle ihre Anforderungen erfüllt worden waren; Gandhi befand jedoch, dass er alles in seiner Macht stehende getan hatte. Nach zwanzig Jahren in Südafrika war es für ihn an der Zeit, nach Indien zurückzukehren.

Foto (rechts): Friedliche Widerstandskämpfer aus Pretoria mit gestreiften Trikots spielten gegen jene aus Johannesburg in einfarbigen Trikots, in Rangers Ground, Mayfair, Johannesburg, 1913.

Foto: Ein Polizist auf Konfrontationskurs mit Gandhi, während dieser die streikenden Inder anführte, 1913.

Foto: ein seltenes Foto von Gandhi.

Foto: Gandhi, Sonia Schlesin, seine Sekretärin, und Dr. Hermann Kallenbach. Kallenbach nähte sich dieses Foto in seinen Kragen bevor er während des ersten Weltkriegs zu Gandhi nach England kam. Da er aus Deutschland stammte, fürchtete er, dass man ihm bei einer Gefangennahme das Foto abnehmen würde. Er wurde in der Tat festgenommen, jedoch fand die Polizei das Bild nicht. 1913.

Foto: Gandhi spricht bei einem Abschiedstreffen in Durban im Juli 1914.

Im Anschluss verlangte die indische Gemeinde, dass die Satyagraha-Gefangenen freigelassen werden sollten; Gandhi und einige andere wurden daraufhin befreit. Als die indischen Führer jedoch darum baten, dass die Kommission wenigstens einen Inder oder ein pro-indisches Mitglied aufnehmen sollte, lehnte Smuts dies ab. Gandhi kündigte einen massiven Protestmarsch von Durban aus, am 1. Januar 1914, an. Zufälligerweise war jedoch ein großer Eisenbahnstreik im Gange, der die gesamte Nation lahmlegte. Gandhi wollte dies nicht ausnutzen. Er verlegte den Marsch auf einen späteren Zeitpunkt und erreichte durch seine Langmütigkeit mehr als durch konstante Druckausübung. Eine von Smuts Sekretärinnen sagte zu Gandhi: „Sie sind für uns da, wenn wir Hilfe brauchen. Wie können wir also Hand an Sie legen? Ich wünsche mir oft, Sie wären gewalttätig…

dann wüssten wir wenigstens, wie wir Sie loswerden könnten. Doch Sie wollen allein durch ihr eigenes Leiden siegen… und deshalb sind wir gegen Sie hilflos." Smuts war nun dazu bereit, Gandhi zu treffen. Es gab mehrere Treffen und zahlreiche Korrespondenzen. Die Satyagraha-Kampagne wurde ausgesetzt nachdem den hauptsächlichen Beschwerdepunkten der Inder stattgegeben worden war. Die jährliche Steuer wurde abgeschafft und nichtchristliche Ehen anerkannt. Andere, geringfügigere Angelegenheiten wurden ebenfalls beigelegt. Gandhi hatte seinen Feldzug gewonnen. Die südafrikanischen Inder wollten zwar, dass Gandhi blieb, bis alle ihre Anforderungen erfüllt worden waren; Gandhi befand jedoch, dass er alles in seiner Macht stehende getan hatte. Nach zwanzig Jahren in Südafrika war es für ihn an der Zeit, nach Indien zurückzukehren.

Foto (rechts): Kasturba und Gandhi in Johannesburg vor ihrer Abreise nach Indien, Juli 1914.

Foto (oben): Das letzte Foto von Gandhi und Kasturba gemeinsam mit vielen ihrer Freunde in Durban, Südafrika, vor ihrer Rückkehr nach Indien, Juli 1914.

1914

Foto: Abschiedstreffen zu Ehren von Dr. Herman Kallenbach,
Kasturba und Gandhi in Kapstadt, am 18. Juli 1914.

Foto: Gandhi und seine Ehefrau Kasturba, 1914.

1914

Foto: Gandhi während eines Besuchs in London, 1914.

Auf dem Weg nach Hause war für Gandhi ein kurzer planmäßiger Aufenthalt in London vorgesehen. Als jedoch währenddessen der erste Weltkrieg ausbrach, entschied Gandhi, in England zu bleiben, um vor Ort einen weiteren, indischen Sanitätskorps ins Leben zu rufen und die Briten zu unterstützen. Viele Inder waren gegen diesen Plan; sie waren der Meinung, dass ein Sklave nicht mit seinem Halter zusammenarbeiten, sondern sich dessen Bedürfnisse zu Nutzen machen sollte. Sie sagten, dass die Zeit gekommen war, Autonomie zu verlangen. Gandhi hatte aber in Südafrika gezeigt, dass er seine Feinde nicht ausnutzen würde. Erst arbeiten wir mit den Briten zusammen und dann bekehren wir sie durch Liebe, sagte er. Der Sanitätskorps wurde gegründet, jedoch konnte Gandhi aufgrund einer schweren Rippenfellentzündung nicht selbst in ihm aktiv werden. Als sich seine Gesundheit nicht besserte, empfahl ihm sein Arzt, das kühle Klima Englands zu verlassen und ins warme Indien zurückzukehren.

THE BROA

1915

Gandhi und Kasturba kamen am 9. Januar 1915 in Bombay an. Er war nun 45 Jahre alt und in manchen Teilen Indiens sprach man bereits als „Mahatma" (große Seele) von ihm, aufgrund des Werkes, das er in Südafrika vollbracht hatte. Dieser Titel wurde oft an außergewöhnliche Männer verliehen, doch Gandhi gefiel er nicht. „Die Leiden eines Mahatma sind nur einem Mahatma bekannt", schrieb er einst.

Obwohl er sehr darauf erpicht war, sofort Reformen in Indien anzustoßen, riet ihm ein Freund, zunächst ein Jahr zu warten und die Zeit damit zu verbringen, durch Indien zu reisen, um sich mit den Menschen und ihren Problemen und Sorgen vertraut zu machen.

Gandhi bemerkte bald, dass seine Berühmtheit ihn daran hinderte, die täglichen Lebensbedingungen der ärmeren Menschen besser zu verstehen. Um inkognito weiterzureisen, begann er also, einen Dhoti (Lendenschutz) und Sandalen zu tragen, welche die normale Bekleidung der Massen darstellten. Wenn es kalt war, legte er sich einen Schal um. Dies war bis zu seinem Lebensende seine einzige Kleidung.

Foto (unten): Gandhi wird eine herzliche Begrüßung 1916 in Karachi zuteil, nachdem er aus Südafrika nach Indien zurückgekehrt war.

Foto: Gandhi
und Kasturba
mit Hasan (links)
und G.A. Natesan
(rechts) in
Madras, 1915.

Foto: Ein Empfang zu Ehren Gandhis bei seiner Ankunft in Bombay, 1915.

Foto: Gandhi und Kasturba 1915.

Foto: Gandhi in Kathiyawadi-Tracht, 1915.

Foto: Seltenes Foto von Gandhi. 1915.

Foto: Kasturba und Gandhi kurz nach ihrer Rückkehr nach Indien, 1915.

1915

DER SABARMATI-ASCHRAM

Im Laufe dieses Jahres, in dem sich Ghandi der Beobachtung des indischen Volkes widmete, gründete er eine weitere kommunale Siedlung, diesmal in Ahmadabad, die er Sabarmati-Aschram nannte (heutzutage auch unter dem Namen Gandhi-Aschram, Harijan-Aschram oder Satyagraha-Aschram bekannt). Gandhi lebte für die nächsten sechzehn Jahre gemeinsam mit seiner Familie und vielen ehemaligen Bewohnern des *Phoenix Settlement* in diesem Aschram.

Der Aschram war ursprünglich am 25. Mai 1915 im Bungalow von Jivanlal Desai eröffnet worden, einem Rechtsanwalt und Freund Gandhis. Zu dieser Zeit wurde er Satyagraha-Aschram genannt. Aber Gandhi wollte weit mehr Handlungsspielraum, um Ackerbau, Viehzucht und weitere Unterfangen betreiben zu können, und dafür wurde ein viel größeres Stück bebaubares Land benötigt. Zwei Jahre später, am 17. Juni 1917, war es soweit; der Aschram wurde auf ein Gelände von 145 692 m2 am Ufer des Flusses Sabarmati verlegt und in Sabarmati-Aschram umbenannt.

Foto: der Satyagraha-Aschram in Kochrab.

1918

Gandhi überzeugte die Grundbesitzer, davon abzulassen, von ihren Farmpächtern erhöhte Mieten zu verlangen, und die Mühlenbesitzer, ihren Streik friedlich beizulegen. Gandhi machte sich seine Berühmtheit und Entschlossenheit zunutze, um an die Moral der Grundbesitzer zu appellieren, und er nutzte das Fasten als Mittel dazu, die Mühlenbesitzer zur Beisetzung ihres Streiks zu bewegen. Gandhis Ruf und sein Ansehen hatten einen solchen Höhepunkt erreicht, dass niemand für seinen Tod verantwortlich sein wollte (das Fasten schwächte Gandhis Körper und verschlechterte seinen Gesundheitszustand so sehr, dass er in Lebensgefahr schwebte). Am 22. März 1918 startete Sardar Patel, unter der Führung Gandhis, eine Satyagraha-Kampagne gegen Steuern für die von der Flut in Kaira betroffenen Bauern. Die Aktion dauerte bis zum 6. Juni an, als die Regierung den Forderungen der Demonstranten zustimmte. Das Jahr 1918 erwies sich als sehr wichtig für Gandhi, da er während der Champaran-Satyagraha von Bihar und der Kheda-Satyagraha von Gujarat erfolgreich Zugeständnisse von britischer Seite aushandelte. Letztendlich bemühte sich die Regierung um ein für beide Seiten annehmbares Abkommen. Die Steuer jenes Jahres und die des darauffolgenden würden ausgesetzt und die Mieterhöhung reduziert, während der gesamte beschlagnahmte Besitz zurückgegeben werden würde.

1919

IMPERIAL LEGISLATIVE COUNCIL.

BLACK BILL NO. I "PASSED."

THE HON. MR. SARMA RESIGNS.

SOLEMN MOCKERY OF THE DEBATE.

[The Black Bill No. 1 was passed at Tuesday's meeting of the Imperial Legislative

ROWLATT BILL NO. 1

Sir William Vincent says moved that the bill as ampe with the anarchical and revolusionary crime as amended to passed

SIR WILLIAM VINCENT.

Sir William Vincent then moved that the anarchical and revolutionary crime bill as amended be passed into law. In said in making this motion, he went of

Im Jahre 1919 wurde ein neues Gesetz von der britischen Regierung verabschiedet, das ihre Macht über das indische Volk noch vergrößerte. Dieses Gesetz wurde der *Rowlatt Act* genannt, nach der Rowlatt-Kommission, die sich mit Vorschlägen an das *Imperial Legislative Council* gerichtet hatte. Das Gesetz war unter den dagegen protestierenden Indern auch als der „Black Act" oder „Black Bill" bekannt. Dieses neue Gesetz stieß innerhalb der indischen Bevölkerung auf großen Widerstand, da es der britischen Regierung noch mehr Autorität zugestand.

Es ermächtigte die Briten dazu, jeden, der im Verdacht stand, Anschläge oder Verschwörungen zu planen, festzunehmen und ohne Gerichtsverfahren zu inhaftieren. Die Regierung des Vizekönigs hatte dank des neuen Gesetzes ebenfalls die Macht, die Presse zu zensieren, was zum Aufruf zur Revolte in Form eines Hartals führte.

1919

MASACRE DE JALLIANWALA BAGH

Am 13. April 1919 wurde im öffentlichen Park Jallianwala Bagh protestiert. Der Protest richtete sich gegen die Festnahme zweier Führer des indischen Kongresses im Rahmen des *Rowlatt Act*. Alles verlief friedvoll, bis General Reginald Dyer mit seinen Truppen eintraf und ohne jede Warnung das Feuer auf die Menschenmenge eröffnete. Nachdem zehn Minuten lang geschossen worden war, wurden ca. 1000 Menschen getötet und weitere 2000 verletzt. Dieses Massaker war die dunkelste Periode der britischen Herrschaft in Indien und brachte das Volk gegen sie auf.

Das Jallianwala Bagh-Massaker war ein Schlüsselmoment der indischen Geschichte, bei dem die britische Armee, geführt vom Brigadegeneral REH Dyer, das Feuer auf eine mehrere Tausend Menschen umfassende Menge in Amritsar eröffnete, und über 1000 unter ihnen tötete. 13. April, 1919.

Foto: Michael O'Dwyer.

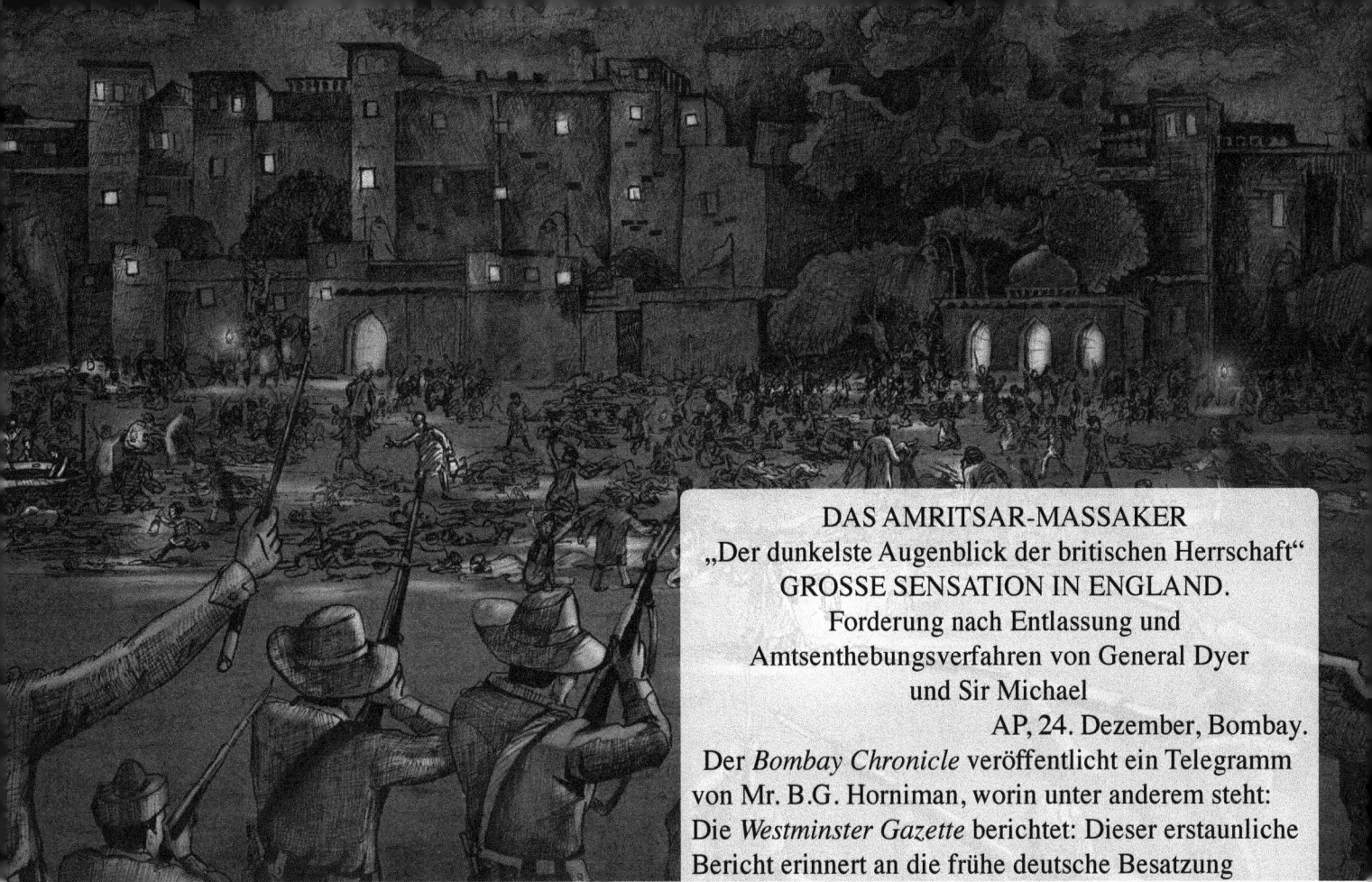

DAS AMRITSAR-MASSAKER
„Der dunkelste Augenblick der britischen Herrschaft"
GROSSE SENSATION IN ENGLAND.
Forderung nach Entlassung und
Amtsenthebungsverfahren von General Dyer
und Sir Michael

AP, 24. Dezember, Bombay.

Der *Bombay Chronicle* veröffentlicht ein Telegramm von Mr. B.G. Horniman, worin unter anderem steht: Die *Westminster Gazette* berichtet: Dieser erstaunliche Bericht erinnert an die frühe deutsche Besatzung von Belgien und das Peterloo-Massaker. General Dyer muss abberufen werden und man muss ihn sich vornehmen, sodass das Amritsar-Massaker von der imperialen Regierung strikt verurteilt wird. Wenn er von der Nation nicht verurteilt wird, wird die Welt es tun. Die *Star* schreibt: Es ist der dunkelste Augenblick der britischen Herrschaft in Indien, wie sollen wir unsere Menschlichkeit wieder zurückgewinnen? Auf acht großen Versammlungen der Labour-Partei in Glasgow wurde die Entlassung und das Amtsenthebungsverfahren von General Dyer und Sir Michael O'Dwyer verlangt. Schottische Liberale ergreifen ebenfalls Maßnahmen.

1919

Da Gandhi die Erlaubnis, ins Punjab zu reisen, verweigert wurde, verbrachte er die meiste Zeit damit, bei den beiden Wochenzeitungen *Young India*, die auf Englisch, und *Navajivan*, die in seinem muttersprachlichen Dialekt Gujarati erschien, zu arbeiten. Er bediente sich beider Zeitungen, um der Bevölkerung die Ideale und die Aufopferung, die Satyagraha beinhaltet, verständlich zu machen.

Letztlich wurde ihm im Herbst 1919 seine Reise in den Punjab erlaubt. Die Menschenmassen, die ihn in Empfang nahmen, waren „außer sich vor Freude". Er stellte seine eigenen Nachforschungen bezüglich des Massakers an, und das Vertrauen der Menschen, mit denen er verkehrte, verwandelte sich in Verehrung. Ohne jeden Titel oder offizielles Amt war er zum wichtigsten Mann Indiens geworden.

Die Gewaltwelle, die anschließend ausbrach, zeigte Gandhi, dass das indische Volk noch nicht ganz an die Kraft von Satyagraha glaubte. So verbrachte Gandhi die 1920er Jahre größtenteils damit, sich für Satyagraha einzusetzen und mühsam zu lernen, wie er landesweite Proteste kontrollieren konnte, damit sie nicht in Gewalt ausbrächen.

Die *Young India* war eine Wochenzeitung auf Englisch, die von Gandhivon von 1919 bis 1932 herausgegeben wurde. Zahlreiche Zitate Gandhis, die in der Zeitung erschienen, waren eine Inspiration für viele Menschen. Durch die *Young India* verbreitete er seine einzigartige Ideologie und sein Gedankengut in Bezug auf die gewaltlose Organisierung von Widerständen, und er drängte seine Leser dazu, Indiens mögliche Unabhängigkeit von Großbritannien ins Auge zu fassen, zu organisieren und zu planen.

Vol. II. JANUARY, 1919 **No. 1**

YOUNG INDIA

Published Monthly by the India Home Rule League of America
1400 Broadway, New York, N. Y.

India's Claim to Fiscal Autonomy

Woman's Position in India

India Facing Famine

To Members, Yearly $1.00   15c. a copy   To Others, Yearly $1.50

Foto: die erste Ausgabe der Young India, Januar 1919.

1920

Im November wurde Gandhi zu einer moslemischen Konferenz eingeladen, wo er den Begriff des „zivilen Ungehorsams" benutzte, um die nächste Phase seiner Kampagne zu beschreiben. Die Bewegung befand sich momentan im Stillstand, aufgrund der Reformen, die die Briten angeboten hatten. Als diese jedoch keine lohnenden Verbesserungen für die Lebensbedingungen der Inder erbrachten, informierte Gandhi im Juni 1920 den Vizekönig höflich über die neue Strategie. Dieser wiederum nannte es einen „närrischen Plan". Der Kongress untermauerte in jener Zeit auch zwei weitere Vorstellungen Gandhis: Er verurteilte das Gesetz der Unberührbarkeit und unterstützte den Gebrauch von selbstgenähter Kleidung.

PUBLIC MEETING

AND

BONFIRE OF FOREIGN CLOTHES

Will take place at the Maidan near Elphinstone Mills
Opp. Elphinstone Road Station

On SUNDAY the 9th Inst. at 6-30 P. M.

When the Resolution of the Karachi Khilafat Conference and another Congratulating Ali Brothers and others will be passed.

All are requested to attend in Swadeshi Clothes of Khadi. Those who have not yet given away their Foreign Clothes are requested to send them to their respective Ward Congress Committees for inclusion in the GREAT BONFIRE.

Foto (oben): Ein Poster das während der Bewegung des zivilen Ungehorsams herausgebracht wurde.

BOYCOTT OF FOREIGN CLOTHES

BONFIRE OF FOREIGN CLOTHES

Shall take place at the Maidan near Elphinstone Mills
Opp. Elphinstone Road Station on Sunday, 31st July, 1921.

THE CEREMONY WILL BE PERFORMED BY

MAHATMA GANDHIJI

All are requested to attend in Swadeshi Clothes of Khadi. Those who have not
given away their Foreign Clothes are requested to bring them to the Meeting.

SPECIAL ARRANGEMENT IS MADE FOR LADIES AND CHILDREN

IN MEMORY OF

LOKMANYA TILAK

PUBLIC MEETING AT CHAUPATI, 1st AUGUST 1921, AT 6-30 P. M.

In seinem Buch über Autonomie von 1909 schrieb Gandhi, dass das Spinnrad die Lösung für Indiens unmenschliche Armut sein könnte. Im Sabarmati-Aschram beschaffte er ein Spinnrad, und alsbald fingen er und seine Schüler an, selbstgesponnenen Stoff, „Khadi" genannt, zu tragen. Dieser war von doppeltem Wert, denn wenn jeder Khadi trüge, würden zum einen die halbverhungerten, arbeitslosen indischen Frauen beschäftigt werden und zum anderen wären Inder nicht länger dazu genötigt, im Ausland hergestellte Kleidung zu tragen.

Foto: Eine Menge versammelt sich neben dem Fluss Sabarmati, um Gandhis Rede zu hören.

Foto: Gandhi und Tagore in Ahmedabad bei der 6. Gujarat-Literaturkonferenz, 3.-5. April 1920.

Foto: Gandhi in „Gandhi Cap", 1920.

Foto: der Tilak Swaraj Fonds.

Foto: Gandhi und Annie Besant.

1922

Foto (rechts): Gandhi wurde erlaubt, sein Spinnrad mit ins Gefängnis zu nehmen. Er begnügte sich damit, zu spinnen, zu lesen und an seiner Autobiographie zu arbeiten.

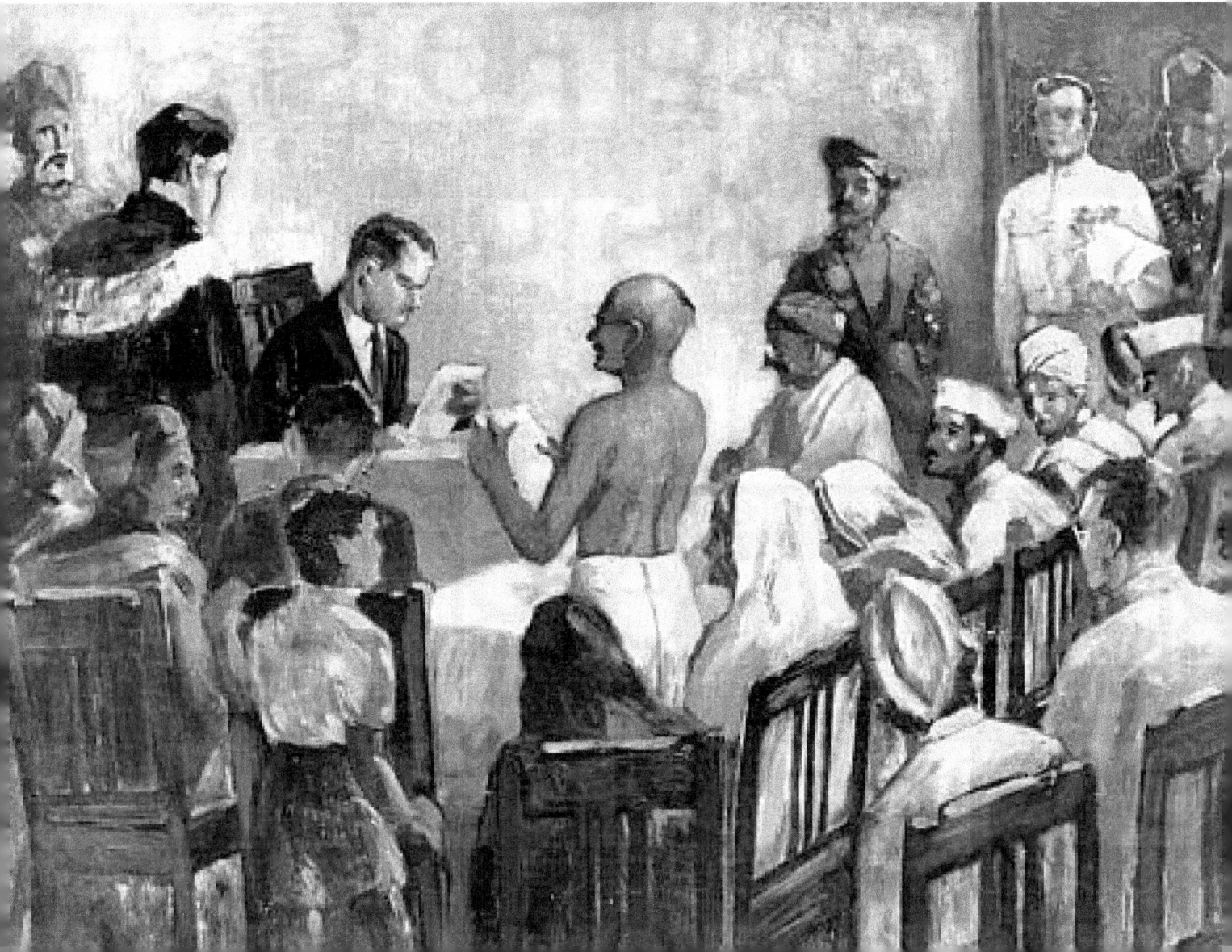

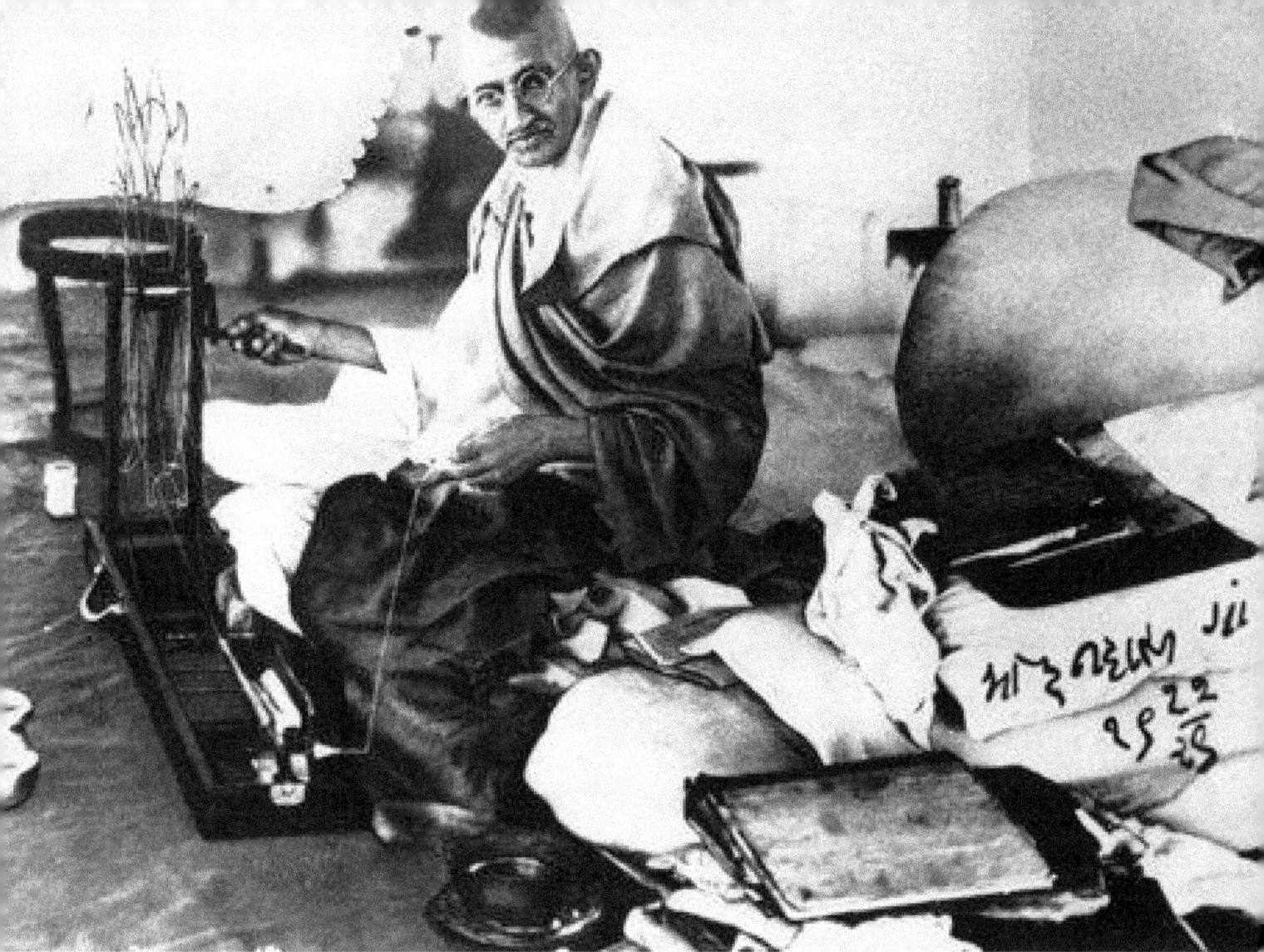

Am 10. März 1922 wurde Gandhi wegen dreier Artikel, die er für die Young India geschrieben hatte, in der Nähe des Sabarmati-Aschrams verhaftet. Als man ihn in der darauffolgenden Woche vor Gericht stellte, bekannte er sich schuldig, diese aufrührerischen Artikel geschrieben zu haben und sagte: „Meiner Meinung nach ist ziviler Ungehorsam dem Bösen gegenüber genauso eine Pflicht, wie Gehorsam gegenüber dem Guten." Als Gandhi zu sechs Jahren Gefängnis verurteilt wurde, weinten die Zuschauer und warfen sich ihm zu Füßen. Er war nun 53 Jahre alt, und wer ihn nicht schon mit Mahatma ansprach, nannte ihn *Bapu*, was Vater bedeutet. Am 5. Februar 1924 wurde Gandhi nach einer Operation bedingungslos aus dem Yervada-Gefängnis freigelassen.

1924

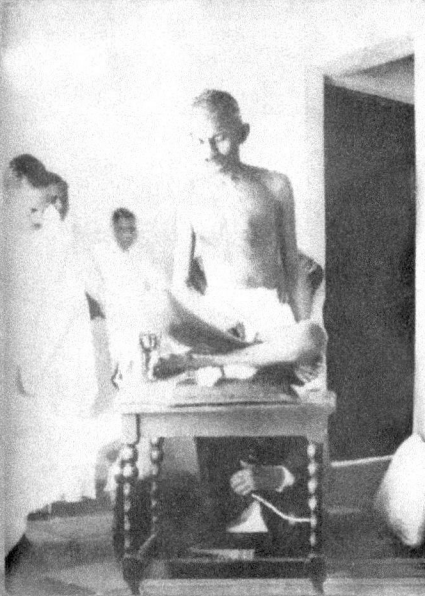

Foto: Nachdem er von Gewaltausbrüchen in den Gemeinden in Kohat, Amethi, Sambhal und Gulbarga gehört hatte, fastete Gandhi ab dem 17. September 1924 für die Einigkeit zwischen Hindus und Muslimen 21 Tage lang.

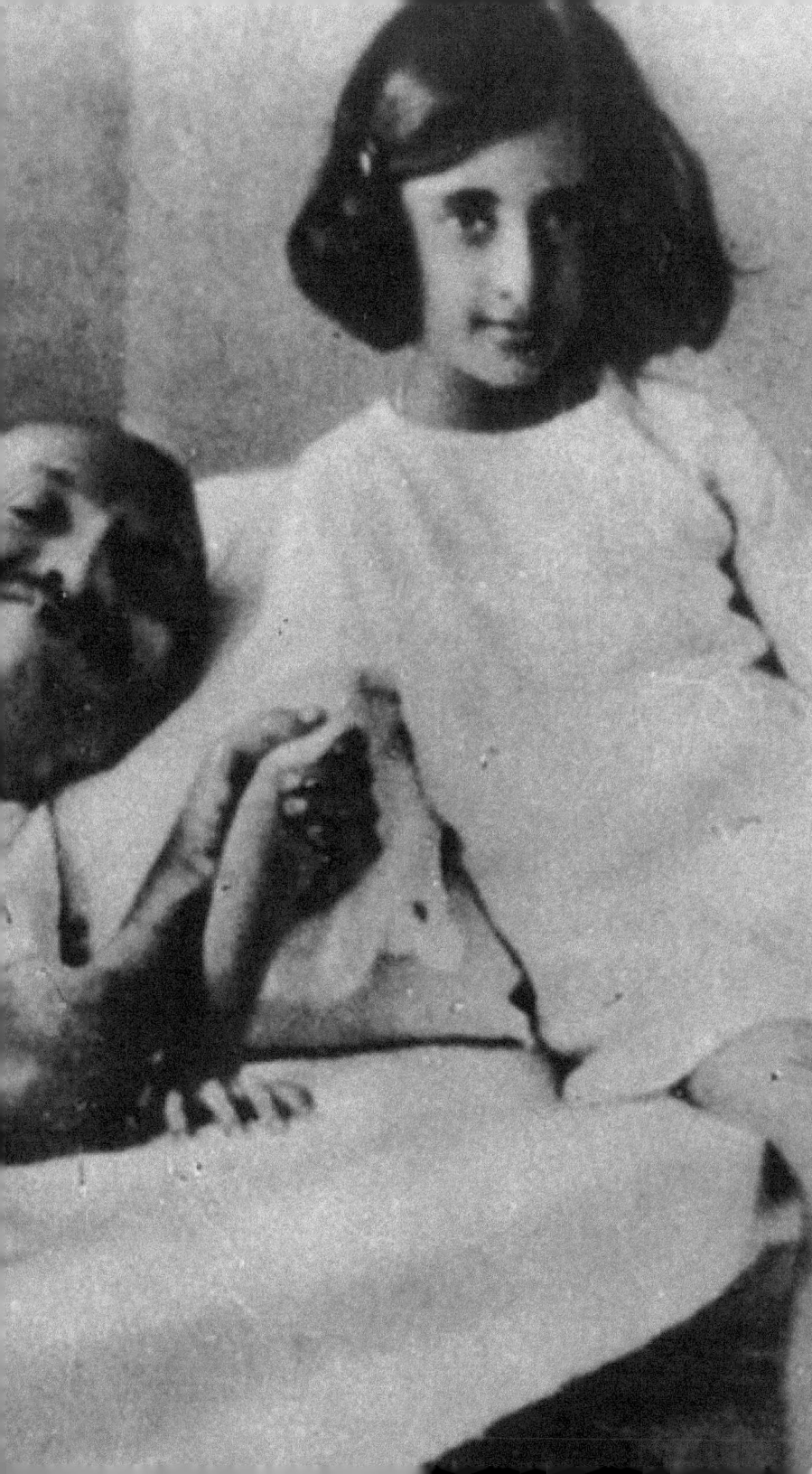

DAS GROSSE FASTEN

Bei seiner Entlassung aus dem Gefängnis fand Gandhi sein Land erschüttert durch brutale Attacken zwischen Hindus und Muslimen vor. Noch schlimmer war die Tatsache, dass Hindus und Muslime nicht mehr zusammen arbeiteten und sich gegenseitig bekämpften. Dies war ein schwerer Schlag für Gandhi, der schrieb: „Einigkeit zwischen Hindus und Moslems bedeutet ein autonomes Indien. Nichts ist wichtiger oder dringlicher." Als Buße für die Gewalt fastete Gandhi 21 lang, was als das große Fasten von 1924 bekannt ist. Da er gesundheitlich immer noch von seiner letzten Operation angeschlagen war, dachten viele, dass er am 12. Tag seines Fastens sterben würde; Gandhi erholte sich jedoch. Durch sein Fasten kehrte eine Zeit lang Frieden ein.

Foto: Die junge Indira mit ihrem Vater während seines Fastens, 1924.

1924

In den kommenden Jahren konzentrierte sich Gandhi eher auf Indiens Aufschwung als darauf, die Briten zu verärgern. An seinen Zielen hatte sich jedoch nichts geändert: die Einigkeit zwischen Hindus und Muslimen, die Abschaffung der Unberührbarkeit und die Verwendung selbstgesponnener Stoffe, um *Village Industries* (eine Industrie in Indiens Dörfern) aufzubauen und den Armen Arbeit zu verschaffen.

Foto: Gandhi isst bei sich zu Hause, wo er zurückgezogen lebt, nachdem er von den britischen Behörden aus dem Gefängnis entlassen wurde. (Foto von Topical Press Agency/Getty Images).

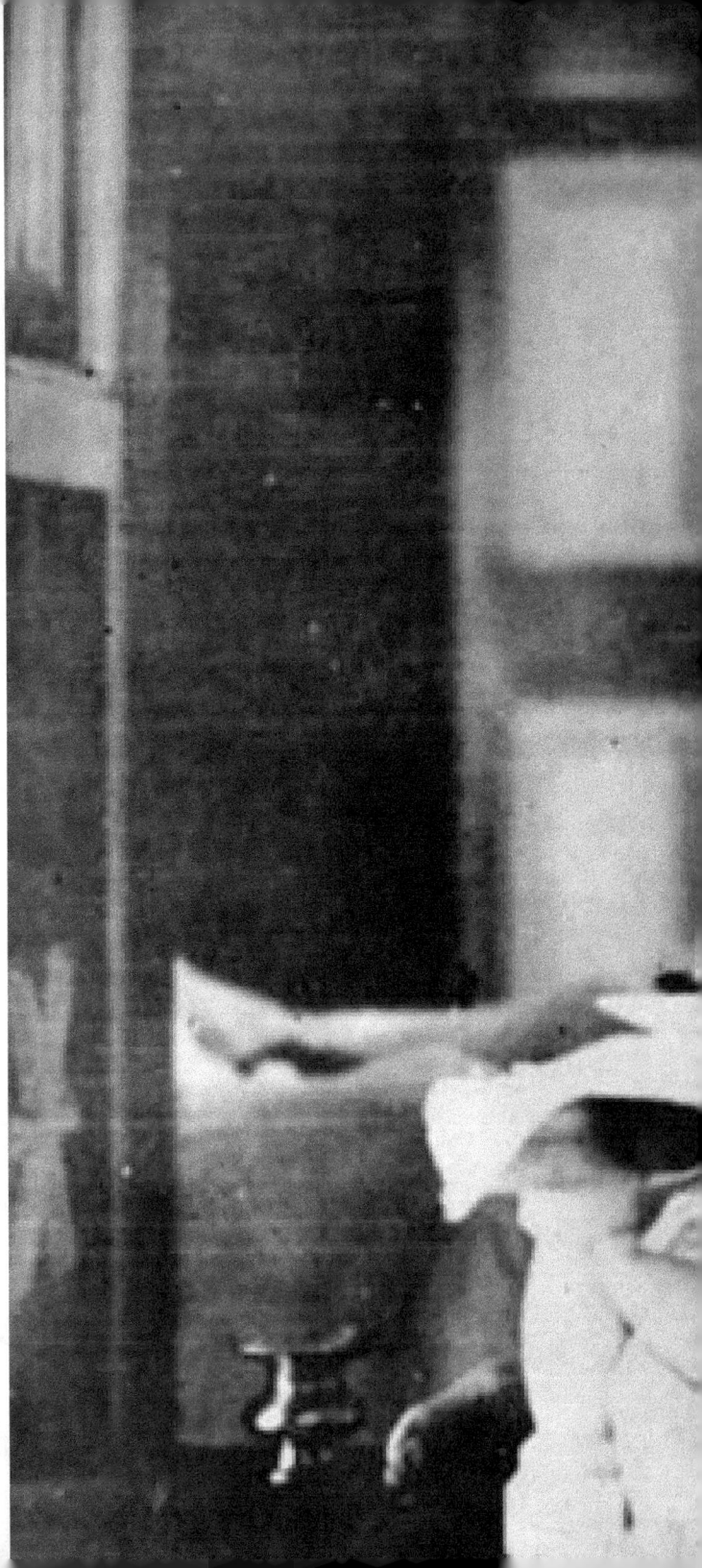

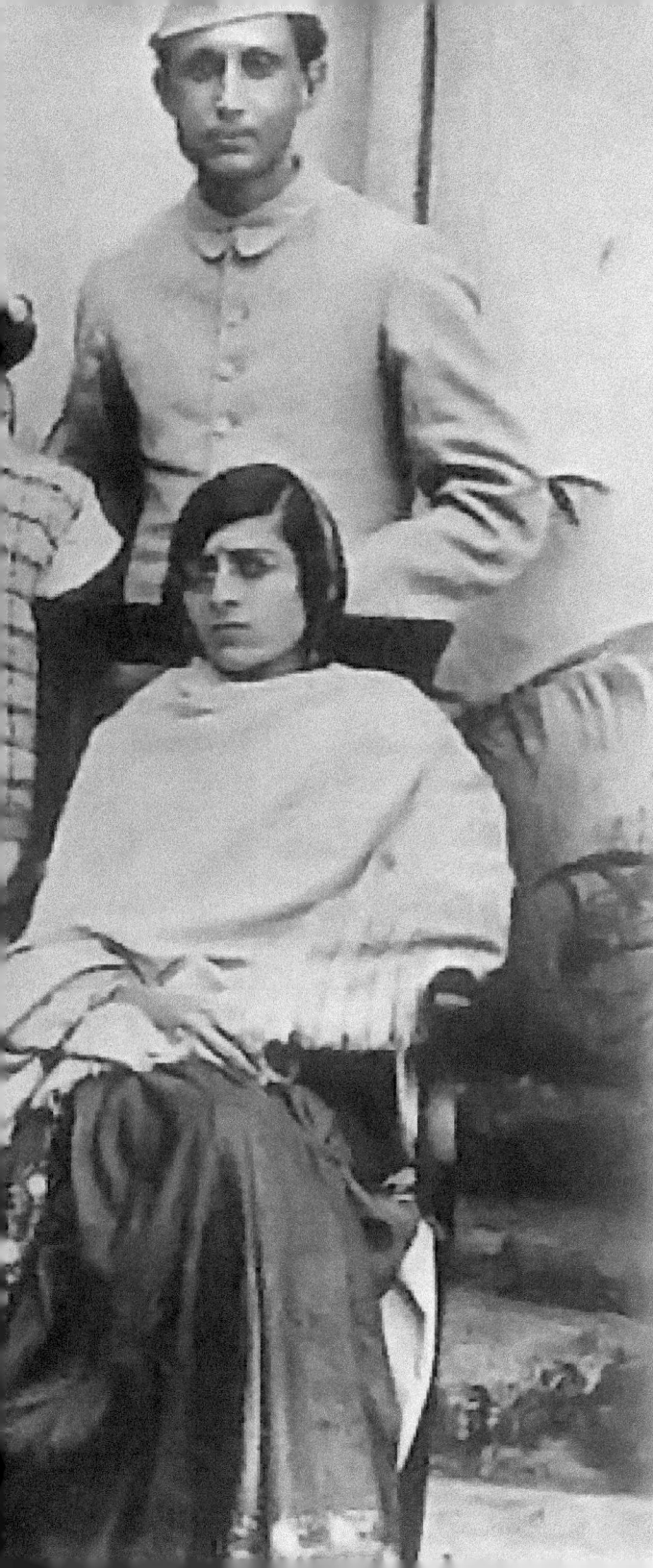

Um die Streitigkeiten innerhalb des Kongresses beizulegen, schloss Gandhi einen Pakt mit Motilal Nehru und C. R. Das. Diesem Pakt zufolge durften die Swarajisten, im Auftrag und unter Zustimmung des Kongresses, an den Ratsversammlungen teilnehmen. Im Gegenzug dazu stimmen die Swarajisten zu, dass einzig diejenigen, die in der Khadi-Verarbeitung tätig sind, Mitglieder des Kongresses sein können. 26. Dezember 1924.

1925

PRÄSIDENT DES KONGRESSES

Im Jahr 1925 wurde Gandhi zum Kongressvorsitzenden gewählt. Er verbrachte das Jahr damit, durch Indien zu reisen, seine Botschaft zu verbreiten und Geldspenden für seine Sache zu sammeln. Er war ein eifriger Spendensammler, der die Wohlhabenden auf charmante Art dazu brachte, ihm Gold und Edelsteine zur Unterstützung seiner Programme zu überlassen.

Foto (links): Gandhi bei der Freiwilligen-Zusammenkunft, Kongress in Belgaum.

Foto (oben): Mohammed Ali vereidigt Gandhi als Kongressvorsitzenden in Belgaum, Dezember 1924

Foto: Gandhi am Spinnrad bei einer „Charka"-Vorführung in Mirzapur, Uttar Pradesh, Juni 1925.

1926

તુલસી ધ્યાન ન છોડીએ

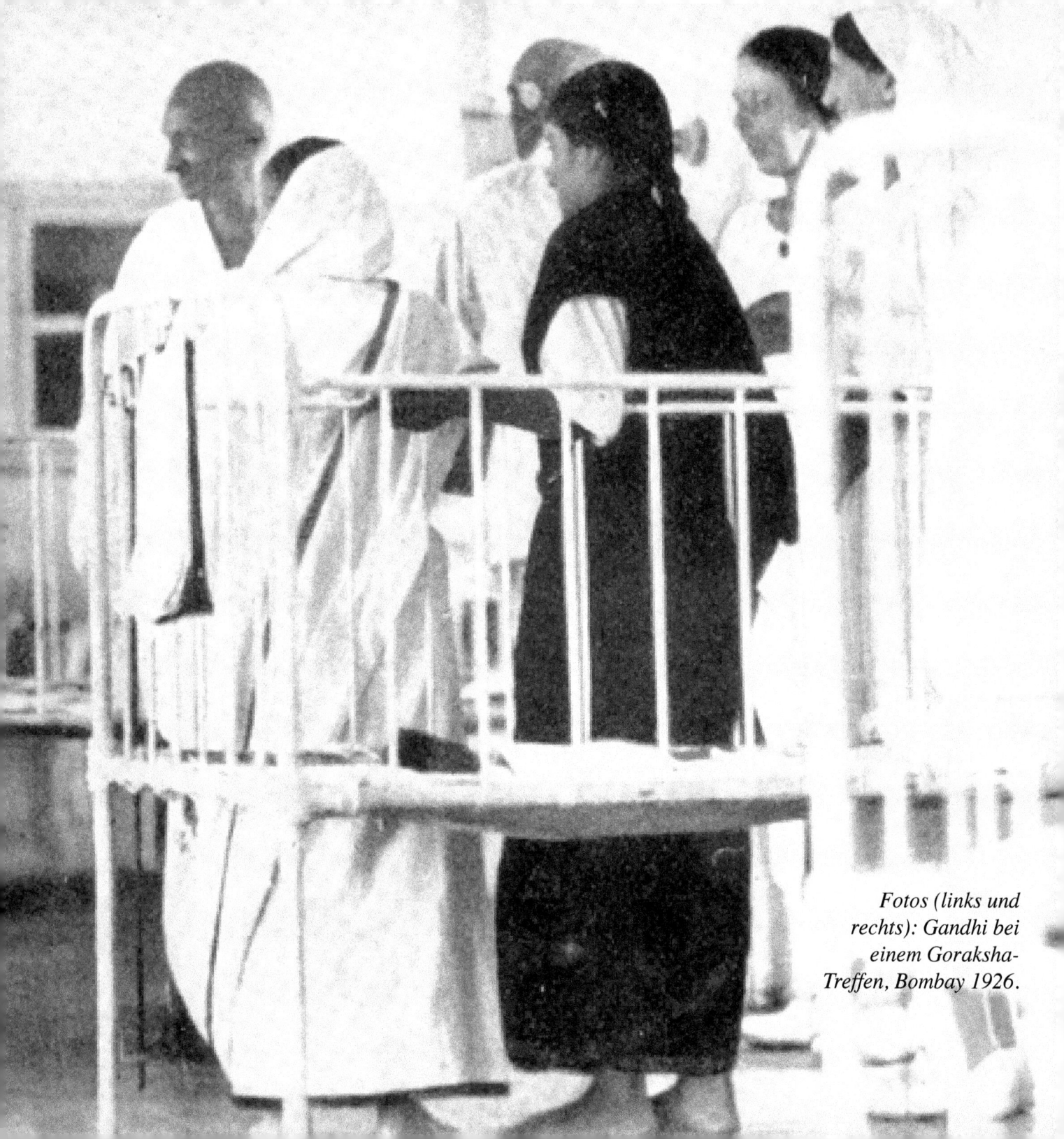

Fotos (links und rechts): Gandhi bei einem Goraksha-Treffen, Bombay 1926.

1926

1928

*Foto: Konferenz
zwischen
Badshah Khan
(Mitte), Gandhi
(links) und
Indiens erstem
Premierminister
Jawaharlal
Nehru,1928.*

36

Am 6. Februar 1928 startete Sardar Patel in Bardoli, unter Gandhis Führung, eine Satyagraha gegen die hohen Steuern mit denen die Bauern, die bereits unter Überflutungen und Hunger litten, belegt wurden. Sie dauerte bis zum 6. August 1926, als es zur Einigung mit der Regierung kam.

1929

1929 reiste Gandhi durch das gesamte Land, um die Massen auf den großen Kampf vorzubereiten. Als sich die Kongresspartei unter der Präsidentschaft Jawaharlal Nehrus im Dezember traf, war das Jahr vorüber. Ein Beschluss mit dem Ziel der totalen Unabhängigkeit und Abspaltung vom Britischen Empire wurde verabschiedet. Man hatte den Krieg einzig mit der Waffe des zivilen Ungehorsams erklärt, mit Gandhi als Armeegeneral. Er würde entscheiden, wie und wann die erste Schlacht geführt werden würde.

Foto (rechts): Gandhi im Kheda-Distrikt, 1929.

Foto: Am 5. April erreichte Gandhi Bombay und hielt im Rahmen einer öffentlichen Sitzung im Kongress-Haus eine Rede über die Wichtigkeit von Khaddar und den Boykott von ausländischem Stoff. Ungefähr 50 Mützen und andere ausländische Kleidungsstücke wurden auf das Rednerpult geworfen. Am Ende der Sitzung wurden all diese Kleidungsstücke auf dem Gelände des Kongress-Hauses verbrannt. 5. April 1929.

Jawaharlal Nehru
Lahore 1929

Während der Kalkutta-Tagung unterbreitete Gandhi einen Beschluss, welcher den Dominion-Status, gemäß den Empfehlungen aus dem Bericht Motilal Nehrus, innerhalb von 2 Jahren einforderte. Indes reichte Jawaharlal Nehru einen Abänderungsantrag ein, der das Bekenntnis zur Unabhängigkeit seitens des Kongresses bekräftigte. Um zu einem Kompromiss zu finden, warnte der Kongress die britische Regierung vor der Welle zivilen Ungehorsams, die über Indien schwappen würde, wenn dem Land bis zum 31. Dezember 1929 nicht der Dominion-Status eingeräumt würde.

Foto: Gandhi und Kaffar Khan bei einem morgendlichen Spaziergang, 1929.

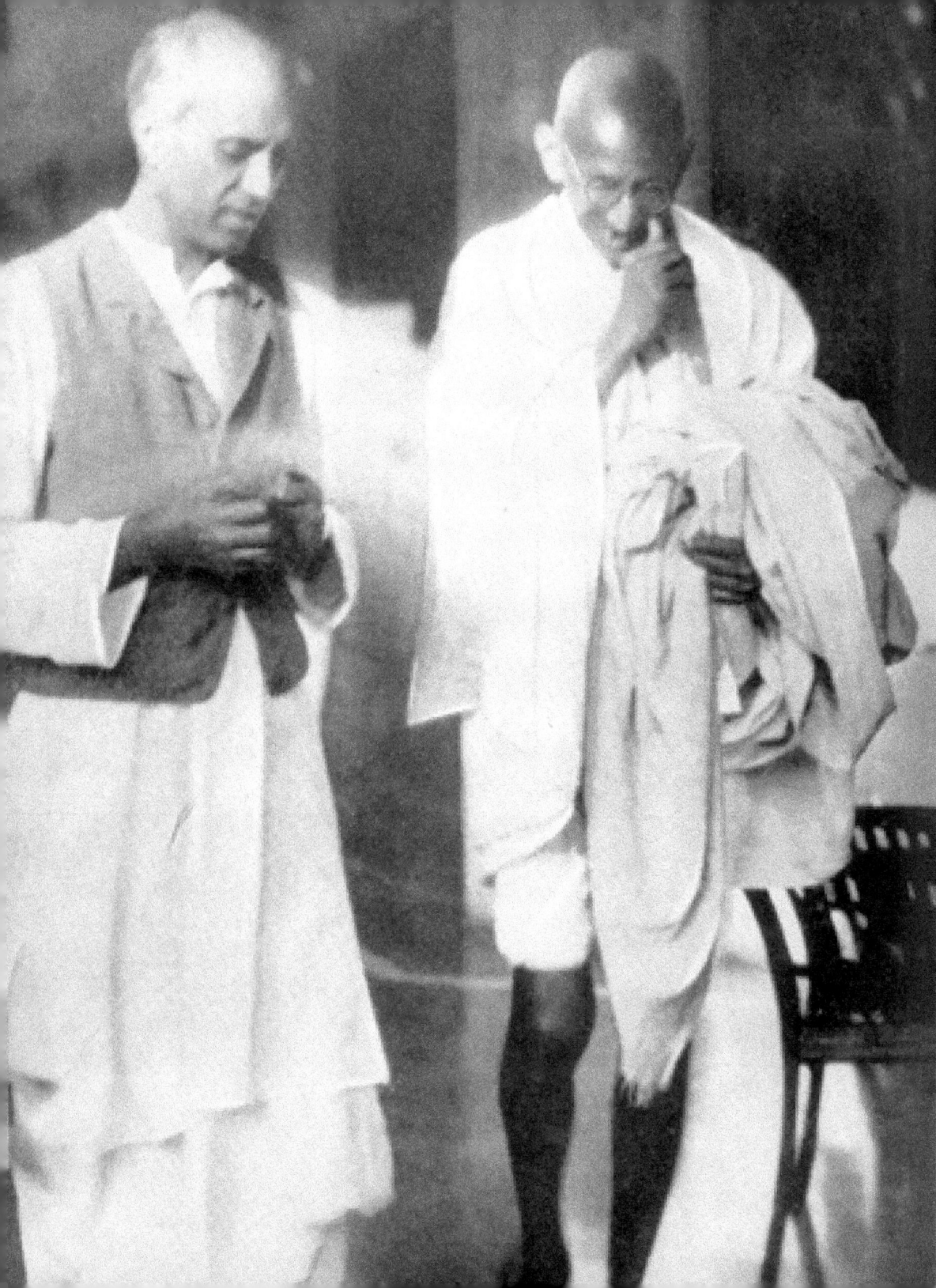

Foto: Gandhi mit Nehru 1929.

DER SALZ-MARSCH

Obwohl es zahlreiche britische Steuern gab, entschied sich Gandhi für die Salz-Steuer, da sie ein Symbol für die britische Ausbeutung der Armen Indiens darstellte. Salz war etwas, das jeden Tag zum Kochen verwendet wurde, selbst unter den ärmsten Indern. Dennoch war es gemäß dem britischen Gesetz illegal, Salz zu besitzen, das weder von der britischen Regierung produziert, noch verkauft worden war; somit wurde in Indien mit dem gesamten Salzhandel Profit gemacht. Die Inder nahmen ebenfalls das Prinzip des Nicht-Kooperierens wieder auf, sie kündigten ihre Regierungsjobs, boykottierten englische Waren und weigerten sich, Steuern zu bezahlen. Indien war fast vollständig lahmgelegt, und alles, was den Briten dazu einfiel, war die Gefängnisse mit Menschen anzufüllen. Binnen einem Monat, nachdem Gandhi eine Handvoll Salz empor gehoben hatte, waren fast 100 000 Inder – unter ihnen die meisten Vorsitzenden der Kongresspartei – politische Gefangene. Trotz allem führten die Inder ihren Krieg unerschrocken und gewaltlos weiter.

Foto: Satyagraha. Gandhi 1930.

Foto: Menschenmengen versammeln sich, um Gandhis Rede am Ufer des Flusses Sabarmati zu hören. 1930.

Foto: Gandhi während der Salz-Satyagraha von 1930. Das Foto wurde beim nationalen Denkmal von Sardar Patel aufgenommen, Ahmedabad, Gujarat, Indien.

Der Salz-Marsch war der Anfang einer landesweiten Kampagne, die zum Boykott der Salzsteuer aufrief. Er begann am 12. März 1930, als Gandhi und 78 Anhänger vom Sabarmati-Aschram aus in Richtung Meer marschierten, das in etwa 322 km Entfernung lag. In den nächsten Tagen gewann die Gruppe der Marschierenden immer mehr an Zuwachs, bis sie auf circa zwei- bis dreitausend Personen angewachsen war. Sie legten täglich ungefähr 19 km in der

sengenden Hitze zu Fuß zurück. Als sie am 5. April 1930 die
Küstenstadt Dandi erreichten, betete die Gruppe die ganze
Nacht hindurch. Am Morgen hob Gandhi repräsentativ ein
Stückchen Meersalz vom Strand auf. Technisch gesehen
hatte er das Gesetz gebrochen. Gandhi hatte sich damit der
Salzsteuer widersetzt und forderte seine Landsleute auf, es
ihm gleich zu tun. Dies war der Weg, den er gewählt hatte:
den gewaltlosen zivilen Ungehorsam.

Foto: (…) Der historische Salz-Marsch begann in Dandi.

Foto: Gandhi und Sarojini Naidu mit Girlande, während des Salz-Marschs im Protest gegen das Staatsmonopol auf die Salzproduktion. (Foto von Keystone/Getty Images).

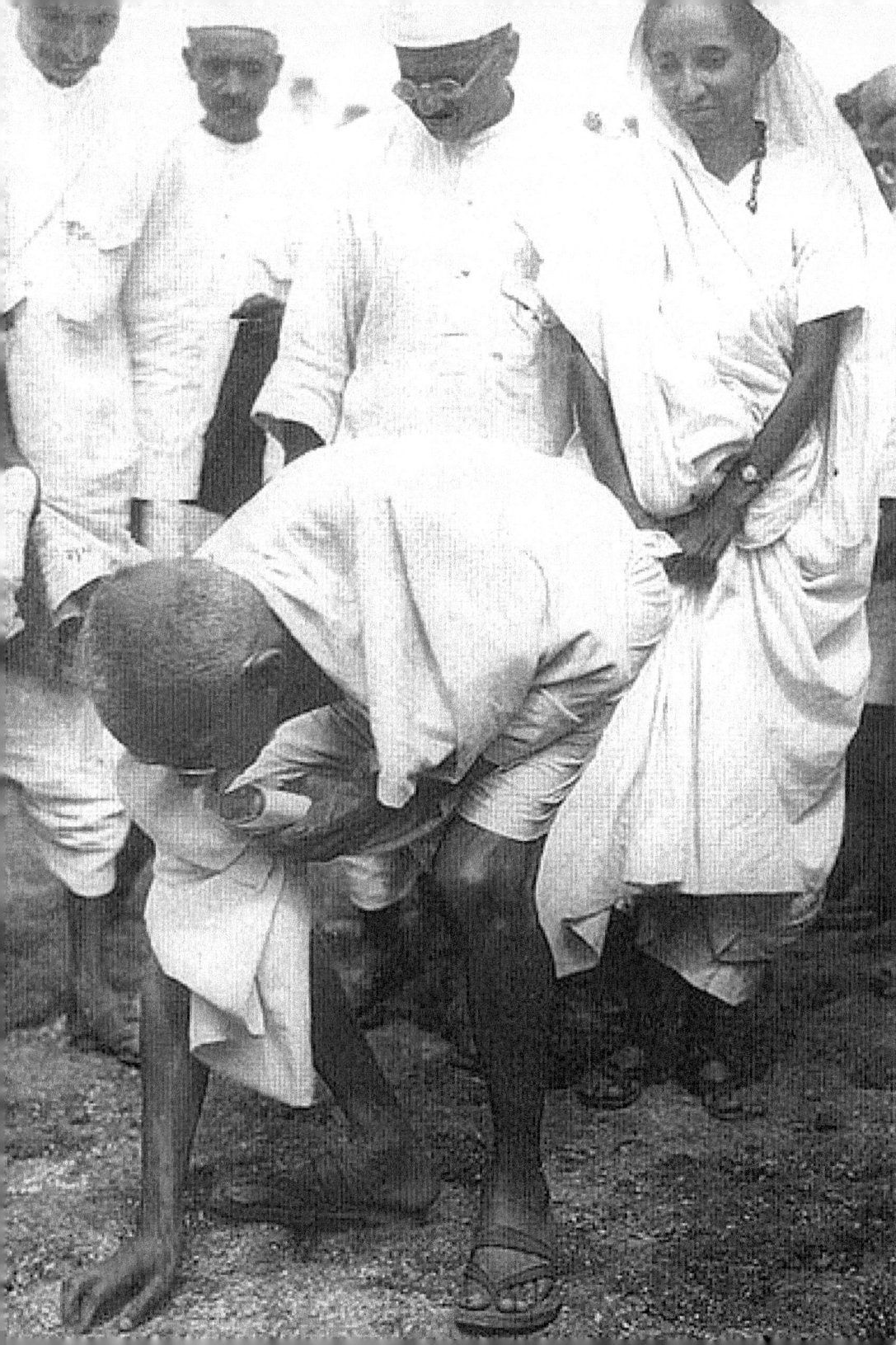

Foto: Gandhi bricht das Salzgesetz, indem er ein Stück natürliches Meersalz aufhebt. Dandi, 16. April 1930.

Foto: Der Präsident der Volksrepublik China, Chiang Kai-Shek (1887-1975), und seine Frau, Sung Mai-Ling (1898-2003), stehen zu beiden Seiten Gandhis, nach einem Treffen zwischen Gandhi und Chiang, bei dem die gemeinsamen Anliegen Chinas und Indiens diskutiert wurden. Neu Delhi, Indien. 1930. (Foto von Keystone/Hulton Archiv).

Halifax July 1941

Foto (oben): Gandhi ging einen Pakt mit dem damaligen Vizekönig Lord Irwin ein, in dem er zustimmte, die Bewegung des zivilen Ungehorsams zu unterbrechen und an Gesprächsrunden teilzunehmen. Im Gegenzug würde Irwin die Salzsteuer sowie Verfügungen und Prozesse gegen den Kongress und gegen andere Nationalisten aufheben. 5. März 1931.

Ab 1931 begriff die britische Regierung, dass eine Revolution ausbrechen könnte, wenn sie Gandhi nicht aus dem Gefängnis entließe. Er wurde also freigelassen und kam für kurze Zeit ins Vereinigte Königreich, um im St. James Palast an Diskussionsrunden über die Zukunft Indiens teilzunehmen. Während seines dortigen Aufenthalts wurde er dazu aufgefordert, „das Elend und die Armut" der Bevölkerung vor Ort zu inspizieren, welche – der damaligen Regierung zufolge – die Schuld Gandhis und seiner Aktionen in Indien sei (wie z. Bsp. die Inder dazu anzustiften, ihre eigene Kleidung anzufertigen). Er besuchte zahlreiche Städte und Fabriken in einem Teil von Lancashire. Einige Tage lang blieb er im Heys Farm-Gästehaus in West Bradford, um zu meditieren.

Foto (rechts): Gandhi im Heys Farm-Gästehaus in West Bradford mit Herrn und Frau J.P. Davies. 1931.

1930-1932

Die drei Gesprächsrunden, die zwischen 1930-32 stattfanden, waren eine Abfolge von Konferenzen, die von der britischen Regierung organisiert worden waren, um Verfassungsreformen für Indien zu besprechen. Die Gespräche wurden gemäß der Empfehlung des Berichts der Simon-Kommission vom Mai 1930 geführt. Die Forderung nach Swaraj, also nach indischer Selbstbestimmung, war immer lauter geworden. Ab den 1930er Jahren waren viele britische Politiker der Meinung, Indien müsse Dominion-Status erlangen. Dennoch war es im Rahmen der Konferenzen nicht möglich, einige schwerwiegende Differenzen zwischen den indischen und britischen Parteien beizulegen.

Am 12. November 1930 wurden bei der ersten Gesprächsrunde, welche vom britischen Premierminister Ramsay McDonald geführt wurde, Indien betreffende Verfassungsfragen besprochen. Der indische Nationalkongress wohnte der Konferenz nicht bei, da seine Anführer wegen zivilen Ungehorsams im Gefängnis saßen.

Foto (links): Gandhi hält eine Rede im Azad Maidan am Tag seiner Abreise nach England, um dort der zweiten Gesprächsrunde in London beizuwohnen. Mumbai, Maharashtra, Indien. 29. August 1931.

Foto (oben): Beim Abschied von seinen Landsleuten auf dem Promenadendeck der S.S. Rajputana, auf dem Weg zur Gesprächsrunde in London. 29. August 1931.

Foto: Im September 1931 versammelt sich eine bewundernde Menschenmenge, um Gandhis Ankunft in Canning Town, im Osten Londons, mitzuerleben. Gandhi ist in seiner Rolle als Vorsitzender des indischen Nationalkongresses in England, um der Gesprächsrunde über indische Verfassungsreformen in London beizuwohnen. (Foto von London Express/Getty Images).

Am 7. September 1931, während der zweiten Gesprächsrunde, gelang es Gandhi nicht, sich mit den Muslimen über die Vertretung und die Schutzbestimmungen des muslimischen Volkes zu einigen. Am Ende der Konferenz verpflichtete sich Ramsay McDonald dazu, eine kommunale Auszeichnung für Minderheitenvertretungen zu stiften, mit der Maßgabe, dass jedes freie Abkommen zwischen den Parteien mit seiner Auszeichnung ersetzt werden könne. Obwohl Gandhi während seines Englandaufenthaltes viele Freundschaften schloss, war die Konferenz ein Misserfolg. Die meisten der Delegierten, die der Vizekönig zur Vertretung Indiens entsendet hatte, sollten die Rechte von bestimmten Minderheiten bewahren oder ausweiten. Am Ende des Treffens schien Indien jedoch gespaltener als jemals zuvor und seine Unabhängigkeit in weite Ferne gerückt.

Foto: Gandhi in Begleitung höflicher britischer Kriminalbeamter, in Boulogne, Frankreich, am 11. September 1931.

Foto: Eine fröhliche Begrüßung für einen jungen Einwohner des Springvale Garden Village, Darwen, Lancashire, England. 26. September 1931.

Foto: Gandhi in Begleitung höflicher britischer Kriminalbeamter, in Boulogne, Frankreich, am 11. September 1931.

Foto: *Gandhi erscheint zu seinem Empfang in Vallorbe, Schweiz, am 6. Dezember 1931.*

Foto: Gandhi in der Universität Nottingham, 1931.

Foto: Gandhi wird von einer Traube weiblicher Textilarbeiterinnen während eines Besuchs in Darwen, Lancashire, begrüßt, am 26. September 1931.

Foto: Gandhi, Vorsitzender des indischen Kongresses und Vertreter indischer Nationalisten, verlässt das Friends Meeting House auf der Euston Road, nachdem er an der Gesprächsrunde zu indischen Gesetzesreformen teilgenommen hat. (Foto von Douglas Miller/Getty Images).

Foto (links): Gandhi beim Besuch einer Textilfabrik in Darwen, Lancashire, England. 26. September 1931.

Foto (rechts): Am 12. September 1931 ist Gandhi auf dem Deck des Schiffs zu sehen, das ihn von Boulogne, Frankreich, ins englische Folkestone zur nächsten Gesprächsrunde bringen soll. (Foto von Douglas Miller/Topical Press Agency/Getty Images).

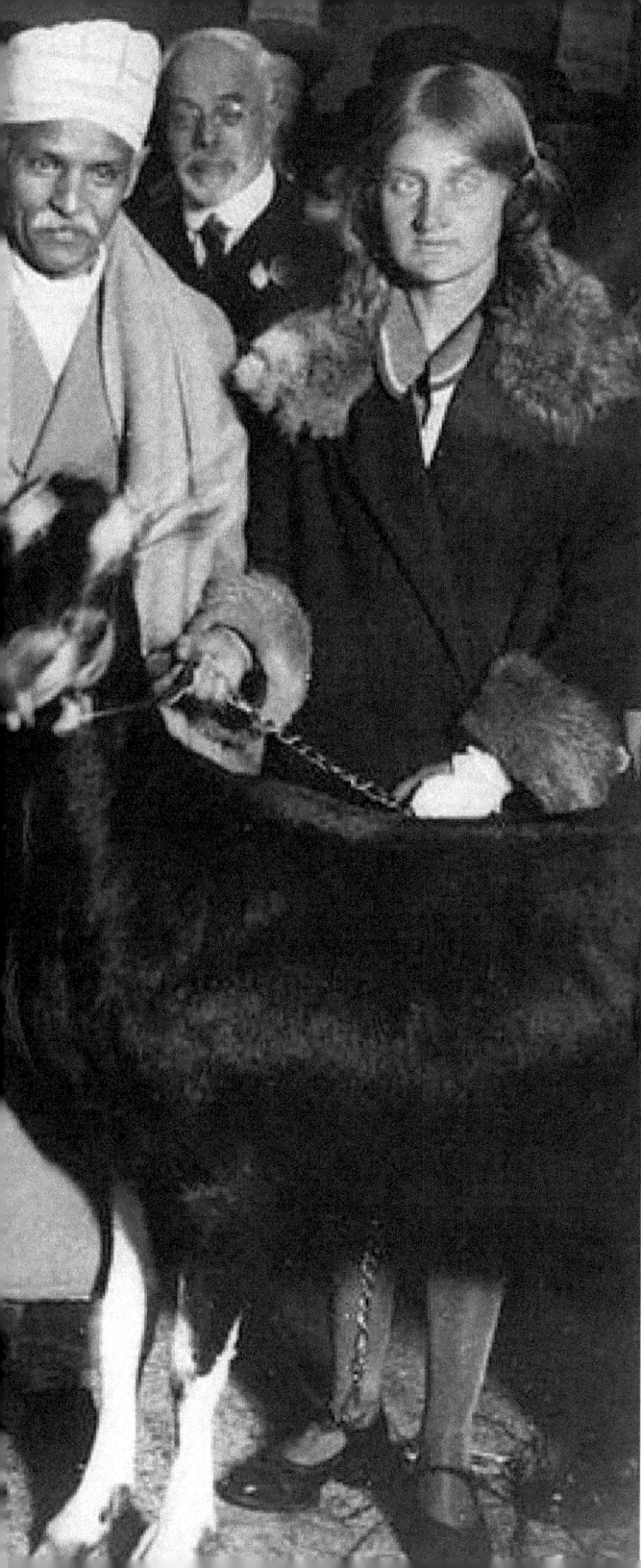

Foto: Gandhi zusammen mit dem französischen Schriftsteller und Dichter Romain Rolland in dessen Haus, der Villa Ogla in Villeneuve, Schweiz, im Dezember 1931. (Die beiden Männer waren wie alte Freunde und behandelten einander mit Zärtlichkeit und gegenseitigem Respekt. Gandhi bat Roland darum, Beethoven für ihn zu spielen.)

Foto: Gandhi mit dem französischen Schriftsteller und Dichter Romain Rolland an der Hausvilla Ogla von Letzteren, Villeneuve, die Schweiz, Dezember 1931. (Die zwei Männer haben sich wie alte Freunde getroffen und haben einander mit der Zärtlichkeit der gegenseitigen Rücksicht behandelt. Gandhi hat Rolland gebeten, Beethoven für ihn zu spielen.)

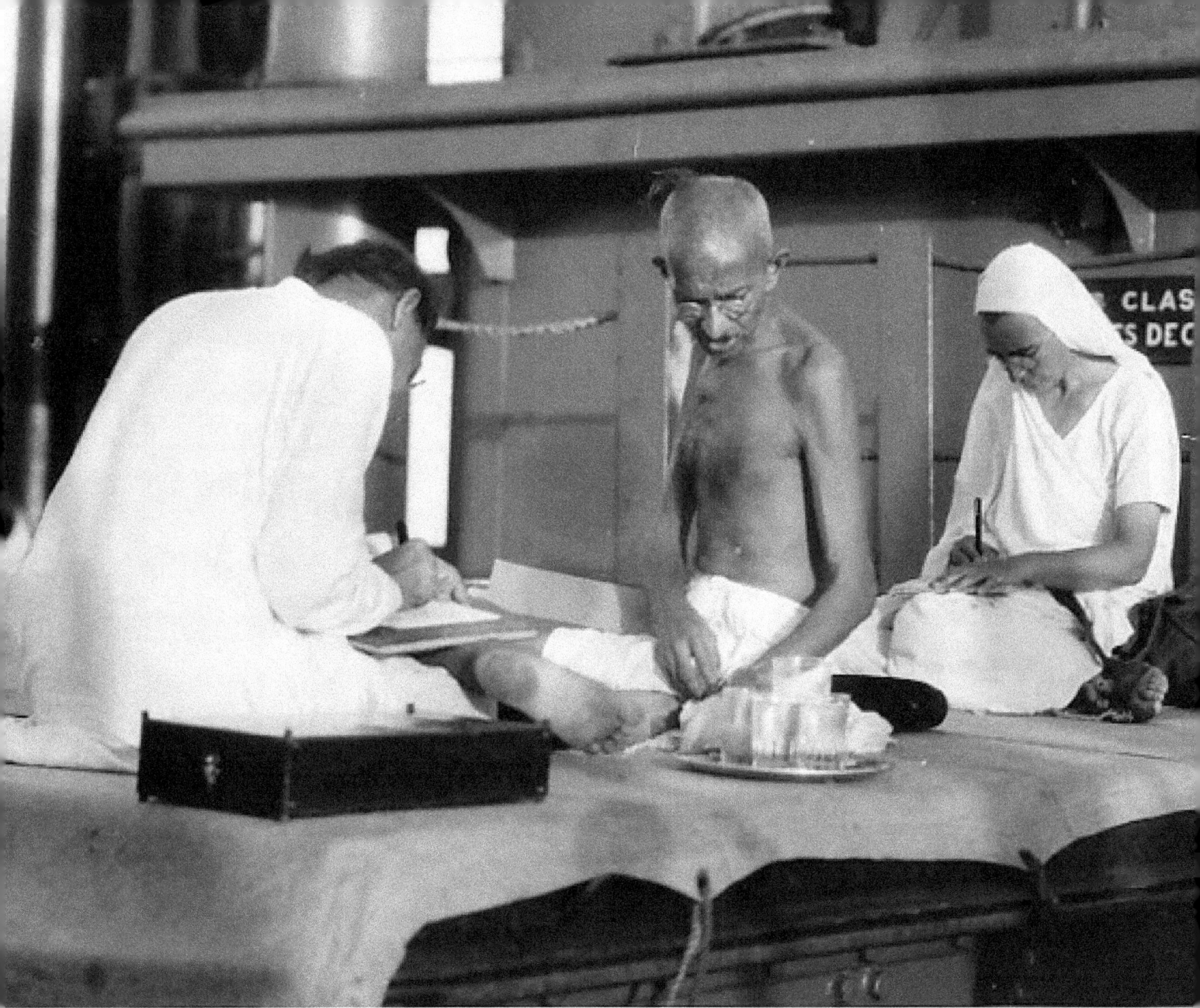

Foto: Charlie Chaplin mit Gandhi in Canning Town, London, 1931.

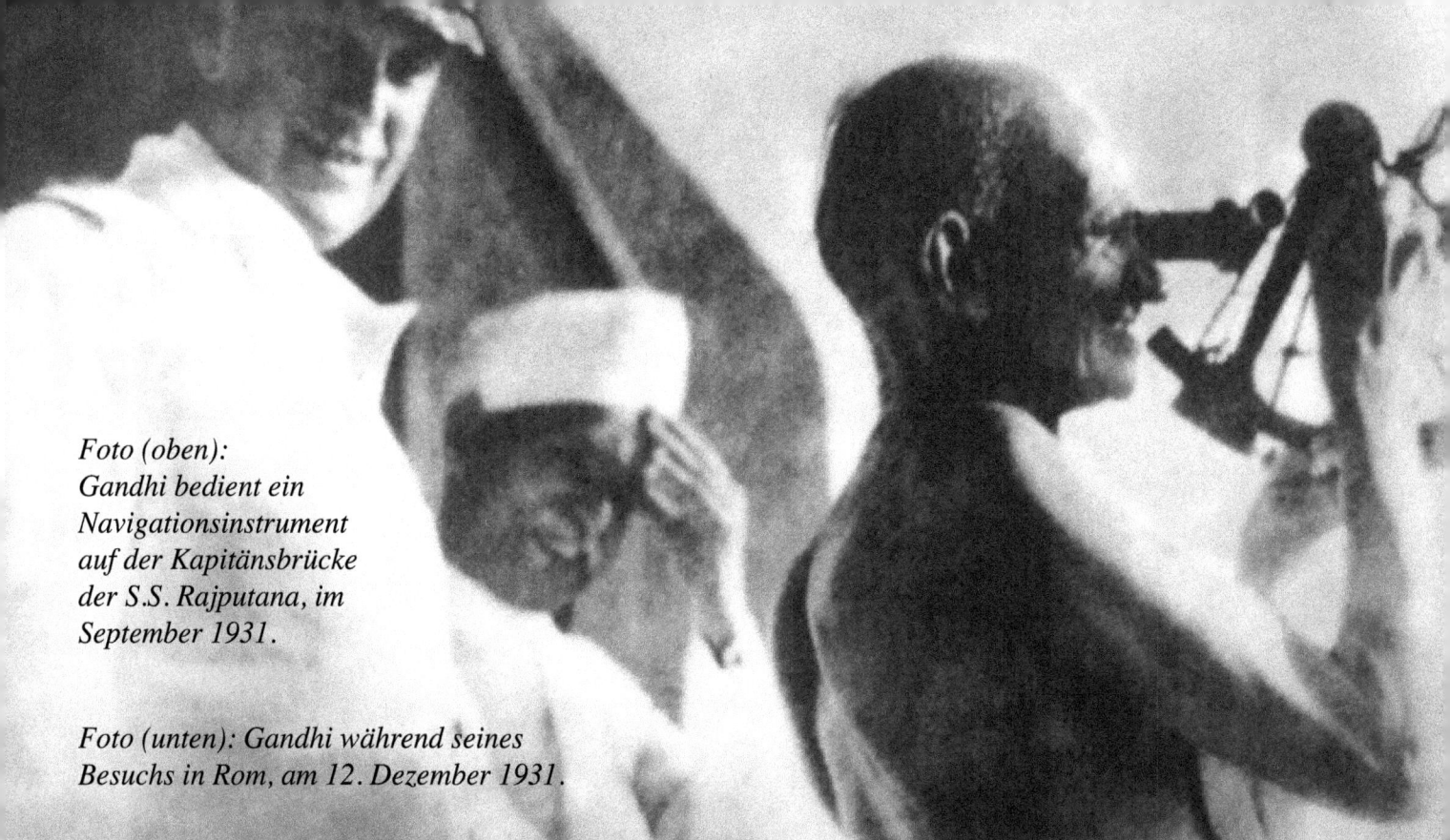

*Foto (oben):
Gandhi bedient ein
Navigationsinstrument
auf der Kapitänsbrücke
der S.S. Rajputana, im
September 1931.*

*Foto (unten): Gandhi während seines
Besuchs in Rom, am 12. Dezember 1931.*

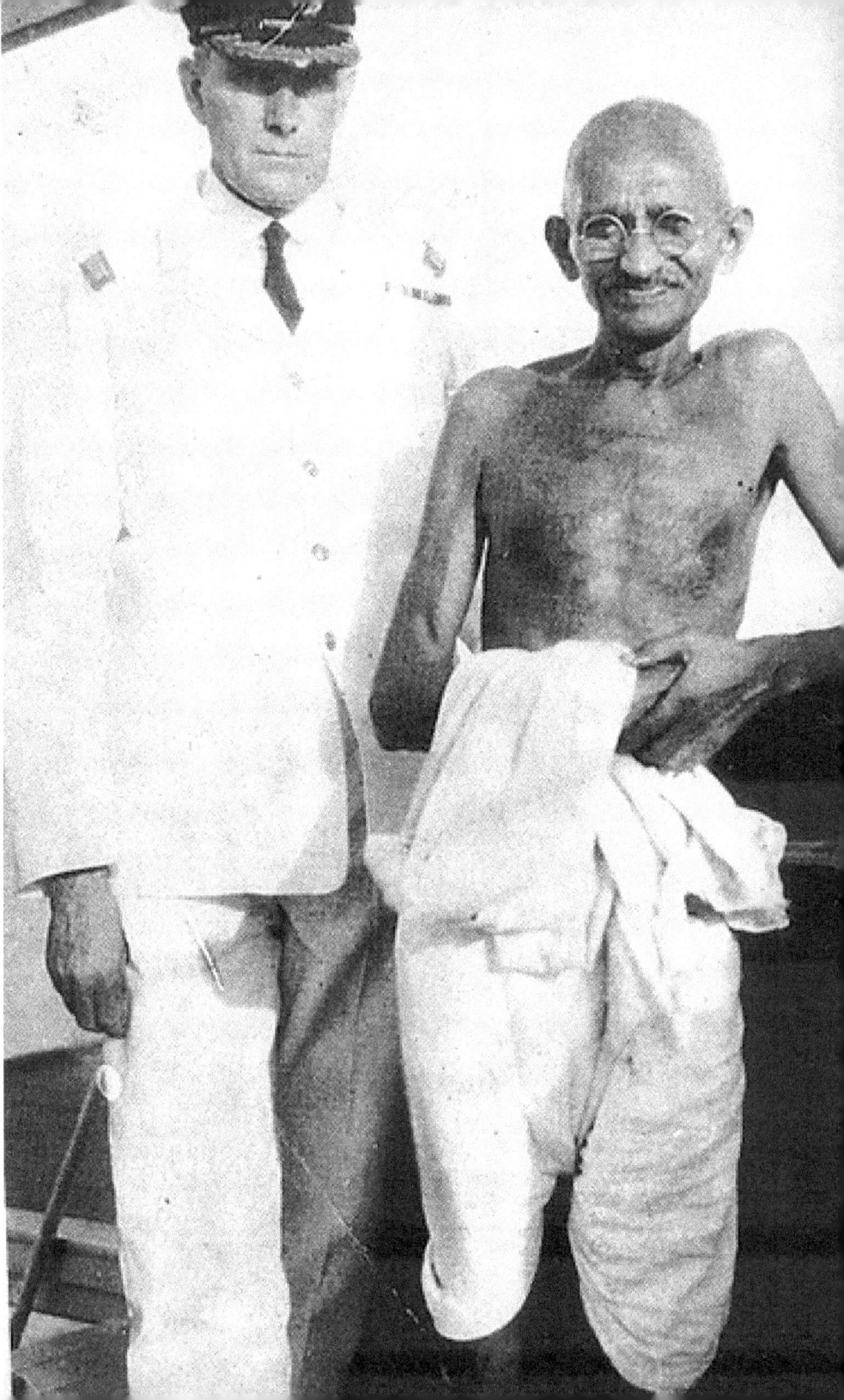

Foto: Gandhi an Bord der Rajputana zusammen mit Kapitän H.M. Jack. 1931.

1932

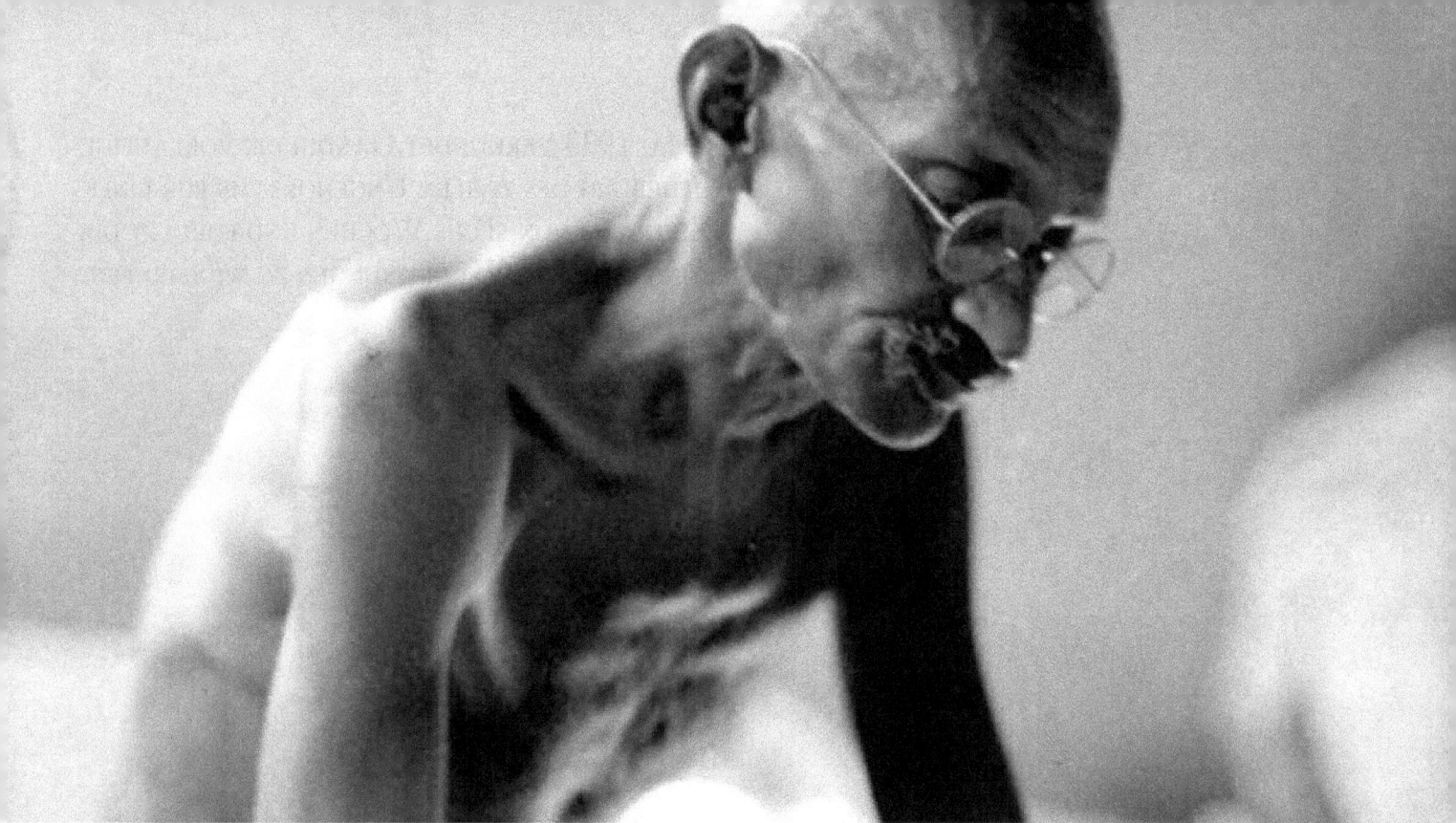

Großes Foto (links):
Lord Willington wurde im
November 1931 Vizekönig.
Er verstieß gegen den
Gandhi-Irwin-Pakt, indem
er den indischen Kongress
und andere Nationalisten
unterdrückte. Daraufhin
nahm der indische Kongress
die Bewegung des zivilen
Ungehorsams am 1. Januar
1932 wieder auf.

Am 13. September 1932 verkündete Gandhi, dass er, um „das politische Gewissen der Hindus zu wecken" und um die getrennten Wählerschaften zu beenden, „sich zu Tode fasten würde", was er am 20. September begann. Die Briten fürchteten, dass sein Tod eine blutige Revolte nach sich ziehen könnte und ließen verlauten, dass sie allem zustimmen würden, wenn Hindus und Unberührbare eine annehmbarere Wahlvereinbarung träfen. Es dauerte sechs Tage, bis der Plan von allen Seiten – inklusive Gandhi und der Briten – Zustimmung fand. Er brach daraufhin sein Fasten, um ein bisschen Orangensaft zu trinken. Er hatte die Hindus dazu gezwungen, die Unberührbaren nicht nur als gleichberechtigte Mitbürger, sondern als menschliche Wesen anzuerkennen. Während er im Sterben lag, waren Häuser und Tempel das erste Mal in dreitausend Jahren für die Unberührbaren offen zugänglich.

Kleines Foto (links): Die dritte Gesprächsrunde begann am 17. November 1932 und dauerte bis zum 4. Dezember 1932. Sie wurde vom indischen Kongress boykottiert. 17. November 1932.

1933

Im Mai 1933 verkündet Gandhi die vorläufige Aufhebung des zivilen Ungehorsams für einen Zeitraum von sechs Wochen und fordert die Regierung auf, ihre Verordnungen zu widerrufen.

Foto (unten): Pandit Jawaharlal Nehru, Gandhi und Sardar Patel bei einem Sondertreffen des All India Congress-Komitees, einberufen um einen Vorschlag zur Bildung eines Kongresses zu erwägen. 1933.

Foto (links): Am 16. Juni 1933 sitzt Gandhi an seinem Spinnrad, nach seiner Entlassung aus dem Yeravad Goal. Er steht am Beginn eines dreiwöchigen Fastens, um gegen die britische Herrschaft zu protestieren. (Foto von Keystone/Getty Images).

1934

Im September 1934 verkündet Gandhi seine Entscheidung, sich ab dem 1. Oktober aus der Politik zurückzuziehen, um sich für die Entwicklung von Village Industries (Industrie in Dörfern), von Dienstleistungen und eines auf Handwerk basierenden Bildungssystems für die Harijan einzusetzen.

Foto: Gandhi und Kasturba mit Harijan-Kindern in Bhavnagar, am 3. Juli 1934.

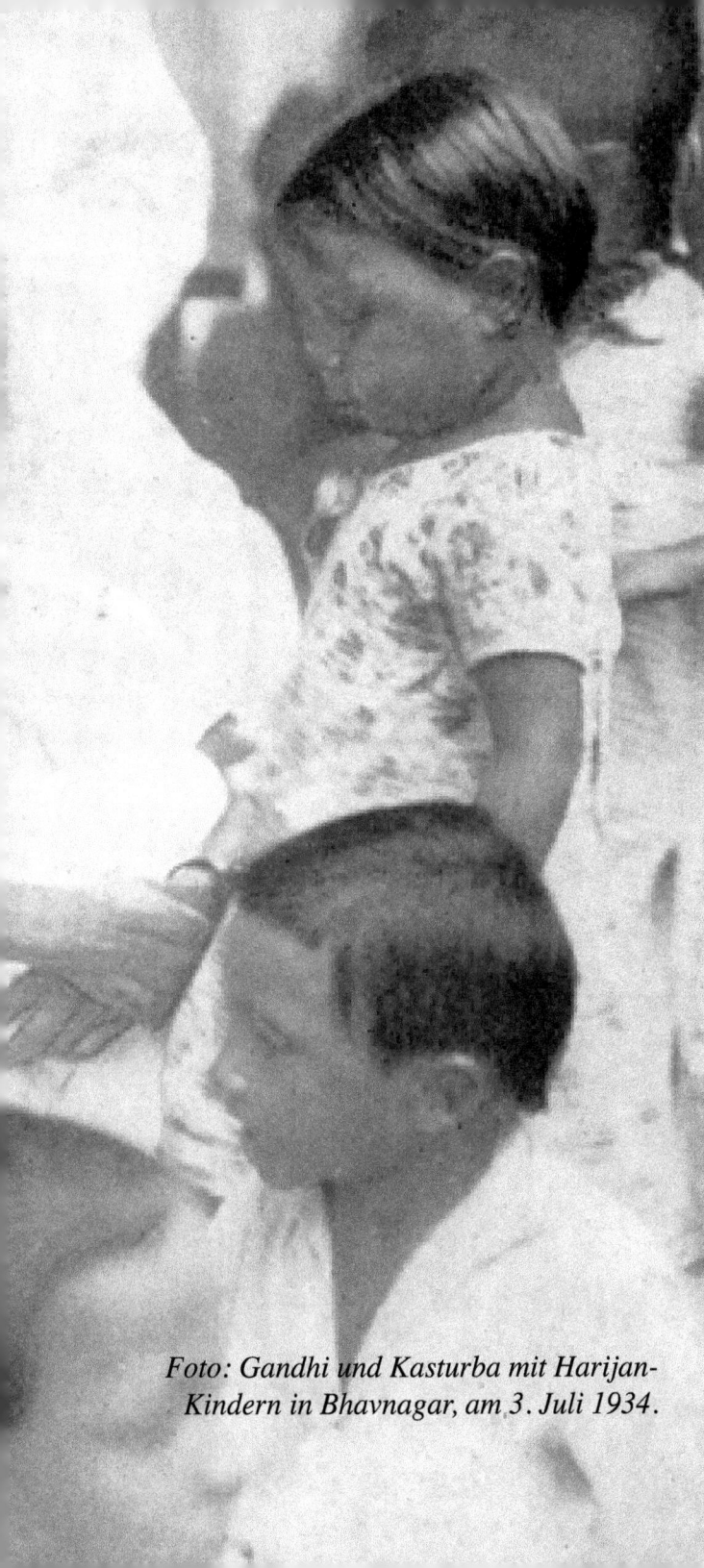

Foto: Gandhi mit Jamnalal Bajaj, im Satyagraha-Aschram, Wardha.

Foto: Gandhi sammelt auf einem Bahnsteig Geldspenden für den Harijan-Fonds, Bhavnagar, Juli 1934.

1935

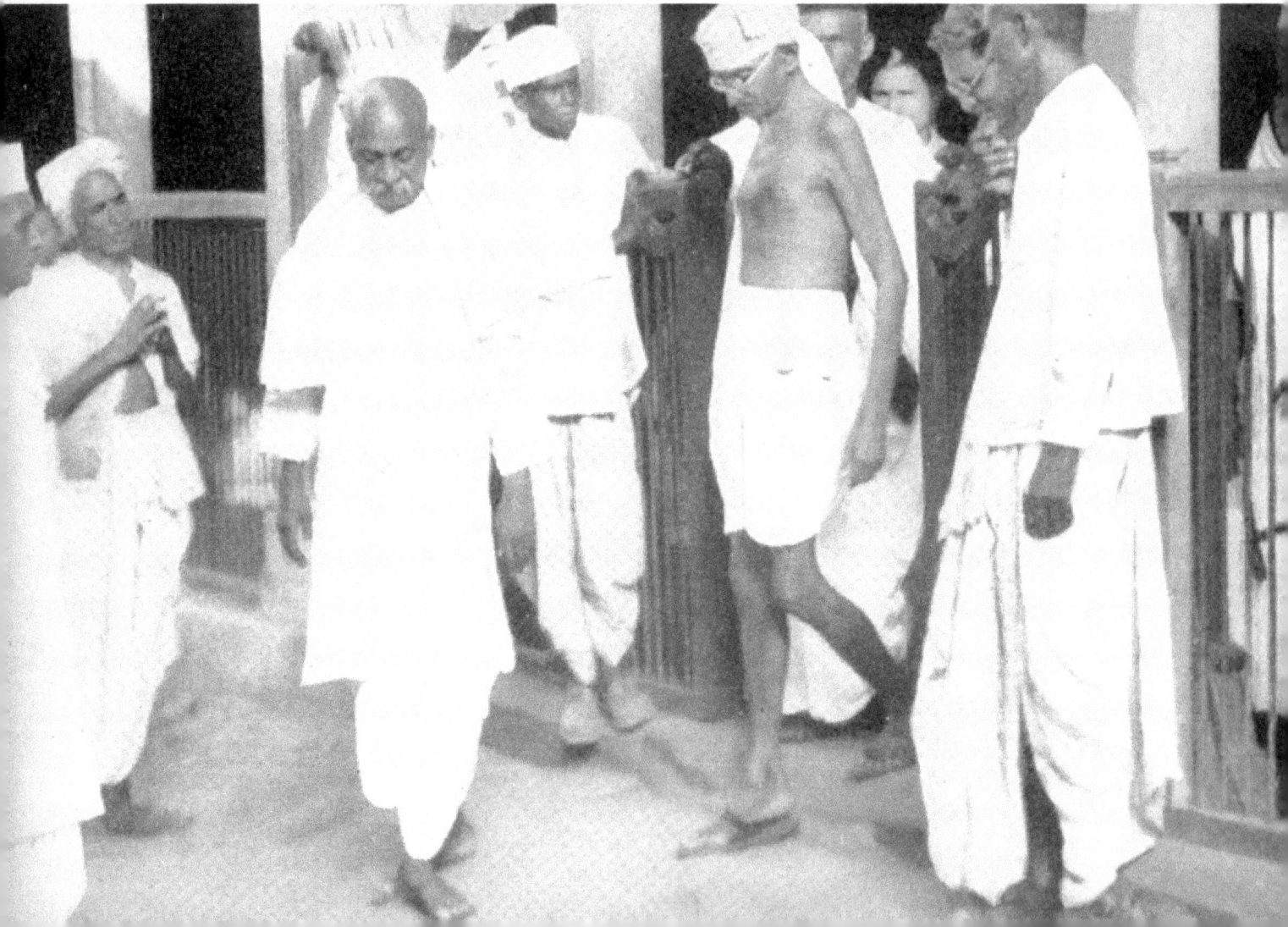

Foto: Gandhi erklärt die All-India Village Industries Association für eröffnet. 1935.

Foto: Gandhi nimmt eine Kompostieranlage im Institut für Pflanzenwesen in Augenschein, Indore, April 1935.

1936

Foto (links): Gandhi mit dem Kongressvorsitzenden Jawaharlal Nehru in Lucknow, 1936.

Foto (rechts): Gandhi mit Mahadevbhai auf dem Weg zur Khadi-Ausstellung, Lucknow, 1936.

Foto: Gandhis Hütte in Segaon, 1936.

1937

Foto (links): Nehru und Gandhi bei der Eröffnung des indischen Nationalkongresses, 1937.

Foto (rechts): Gandhi mit seinem Gastgeber Subhash Bose und Sushila Nayyar in Kalkutta, Oktober 1937.

1938

Foto: Gandhi eröffnet die A.I.V.A.-
Ausstellung in Haripura, 10. Februar 1938.

Foto(unten):Am16.April1938verlässtGandhidasZentralgefängnis in Kalkutta, nachdem er dort politische Gefangene interviewt hat. Gandhi soll mit der bengalischen Regierung über ihre mögliche Freilassung verhandeln. (Foto von Keystone/Getty Images).

Foto (unten): Gandhi beim Treffen mit Jinnah in seinem Wohnsitz in Bombay, 28. April 1938.

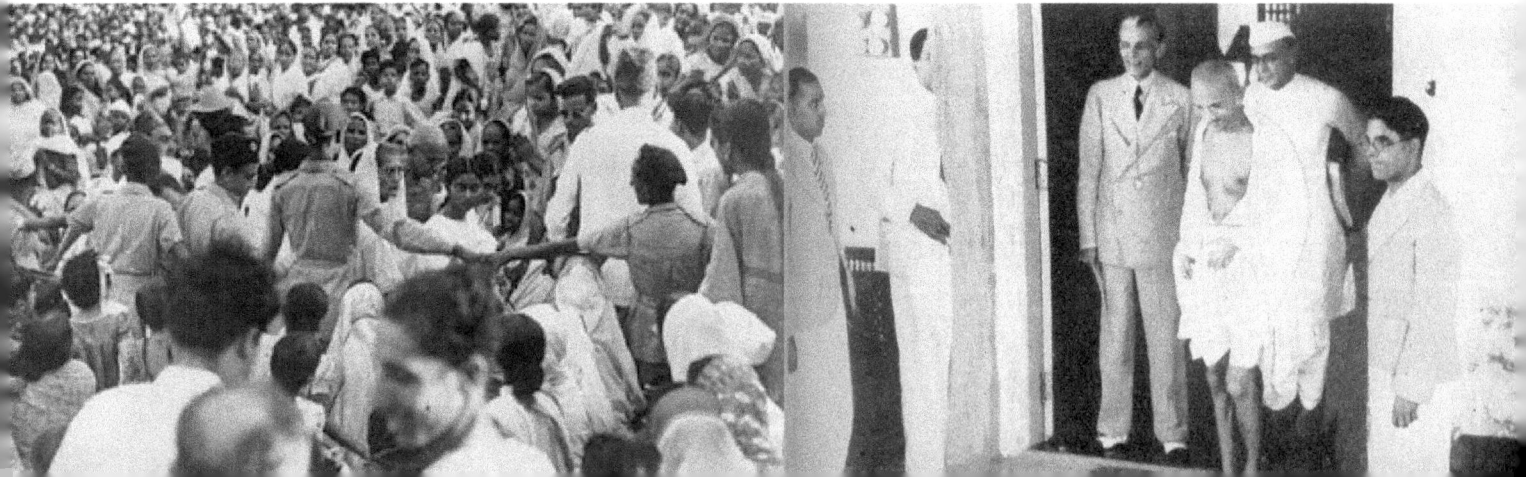

Foto: Gaffar Khan dolmetscht
Gandhis Rede bei einer öffentlichen
Versammlung in Khyber Pakhtunkhwa,
Afghanistan, im Oktober 1938.

Foto (oben, rechts): Kongressvorsitzender Bose mit Gandhi bei der jährlichen Hauptversammlung des Kongresses. 1938.

Foto (unten): Am 9. Mai 1938 ist Gandhi mit einer Gruppe von Kongressabgeordneten an der Grenze zwischen Indien und Afghanistan. (Foto von Keystone/ Getty Images).

Foto (unten, rechts): Gandhi, seine Frau Kasturba und Sardar Vallabhbhai Patel bei einer Kongresssitzung 1938.

FRONTIER OF INDIA
ELLERS ARE NOT PERMITTED TO PASS
THIS NOTICE BOARD
NLESS THEY HAVE COMPLIED WITH
THE PASSPORT REGULATIONS

P34½
J 25½
LKL5

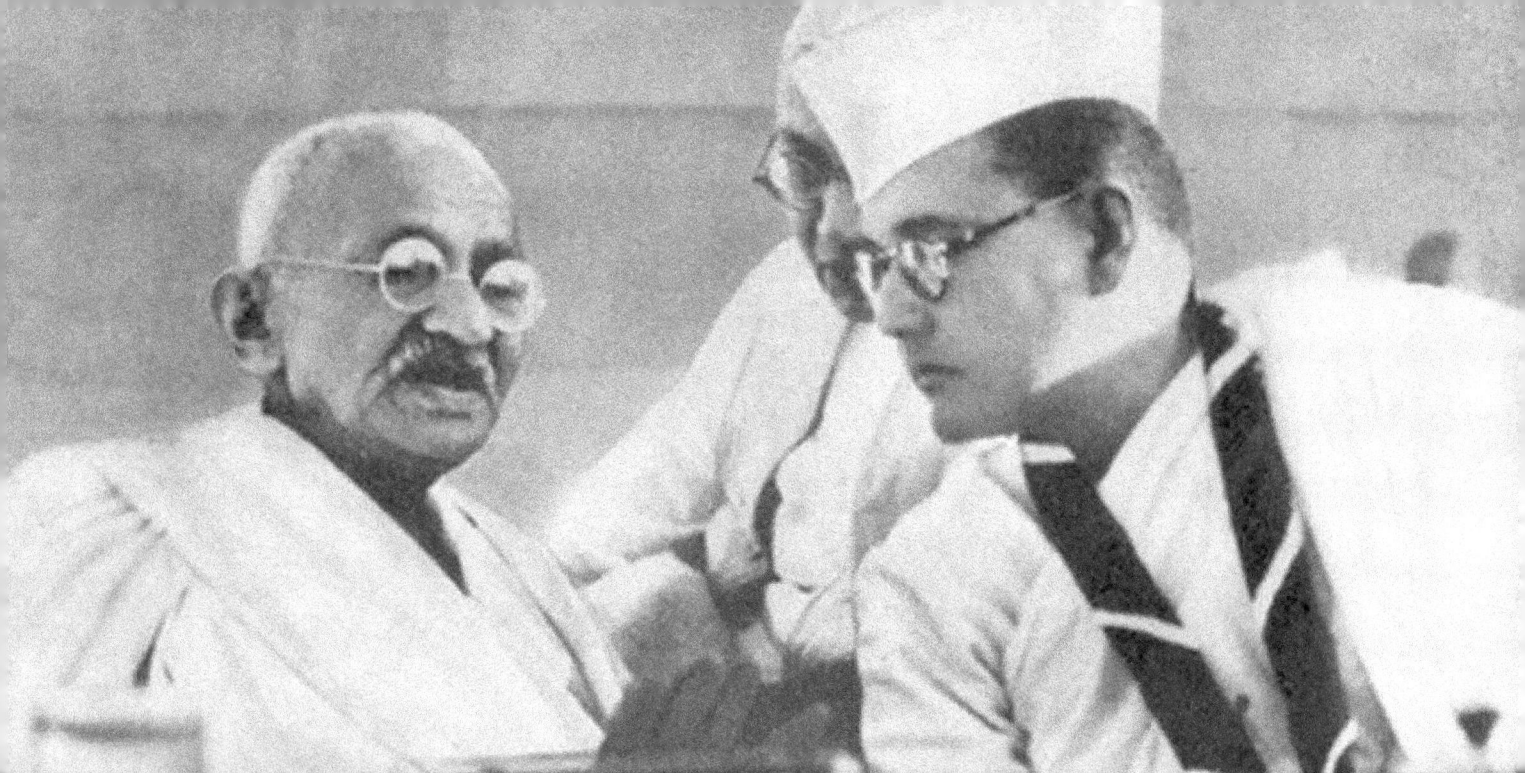

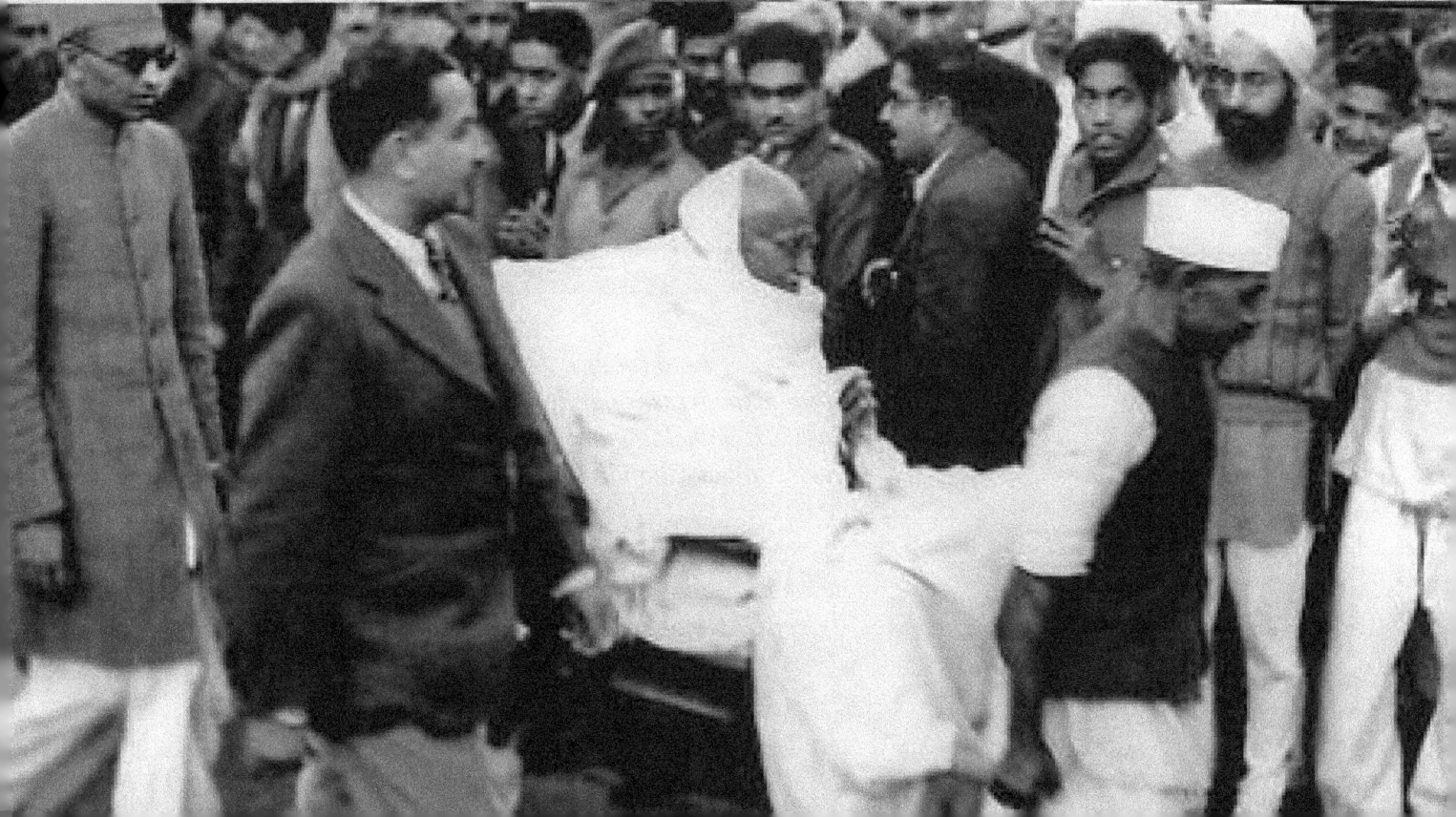

Foto (oben): 1. März 1938, Mitglieder des indischen Nationalkongresses auf dem Podium in Haripura. Von links nach rechts: Seth Jamnalal Bajaj, Darbar Gopoldas Dasai, Gandhi und Subhas Chandra Bose. (Foto von Keystone/Getty Images).

Foto (rechts): Gandhi steigt aus einem Jeep, während seines Besuchs der nordwestlichen Provinzen, unweit der afghanischen Grenze, Oktober 1938. Brijkishan Chandiwalla, Amtus Salam.

1939

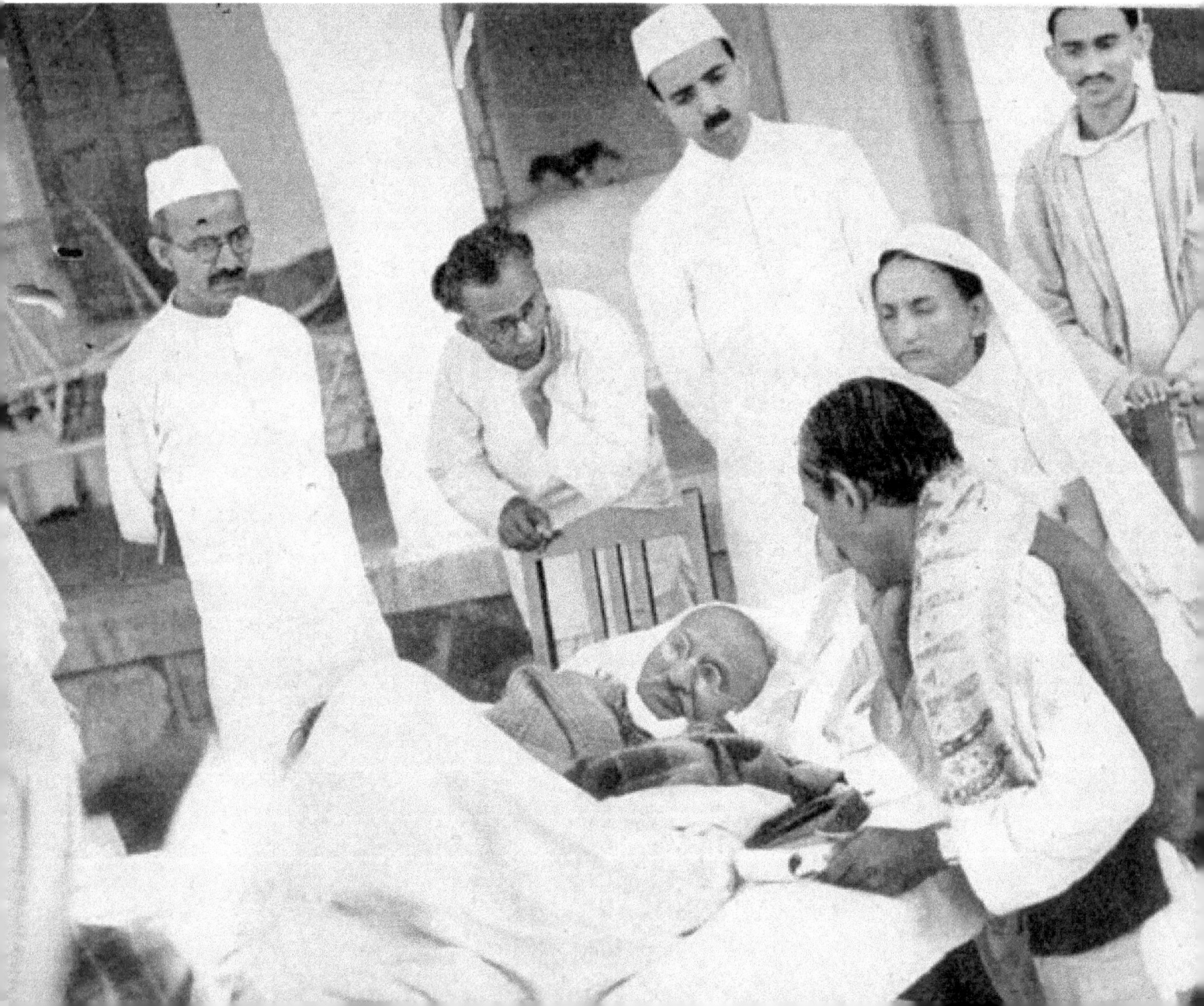

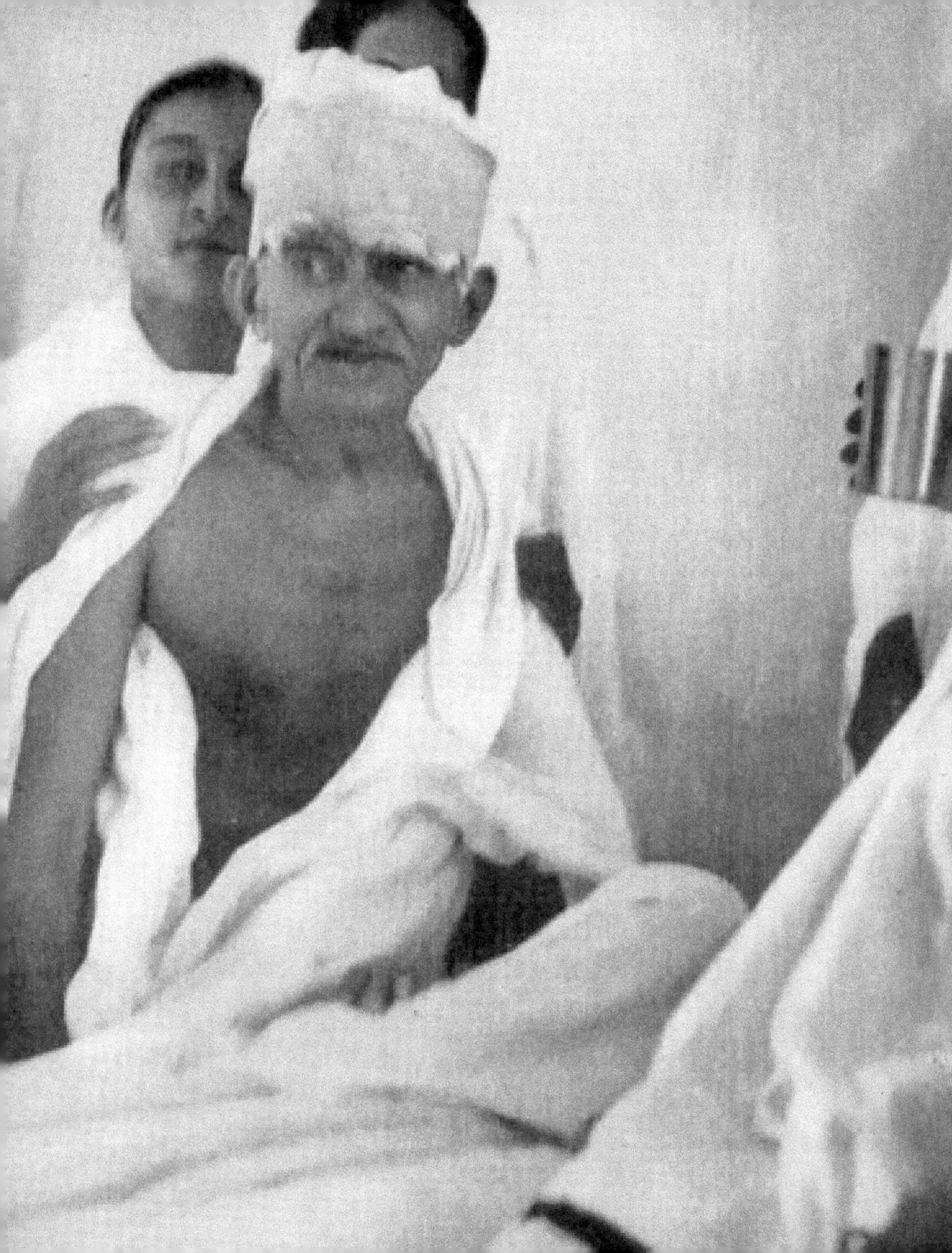

Foto (links): Gandhi und Sarojini Naidu bereiten sich auf ein Interview mit dem Vizekönig vor, Delhi, 15. März 1939.

Foto (rechts): Gemeinsam mit der Wafd-Delegation aus Ägypten, Delhi, 18. März 1939.

Foto: Gandhis Brief an Tagore, verfasst am 4. April 1939 in Neu Delhi.

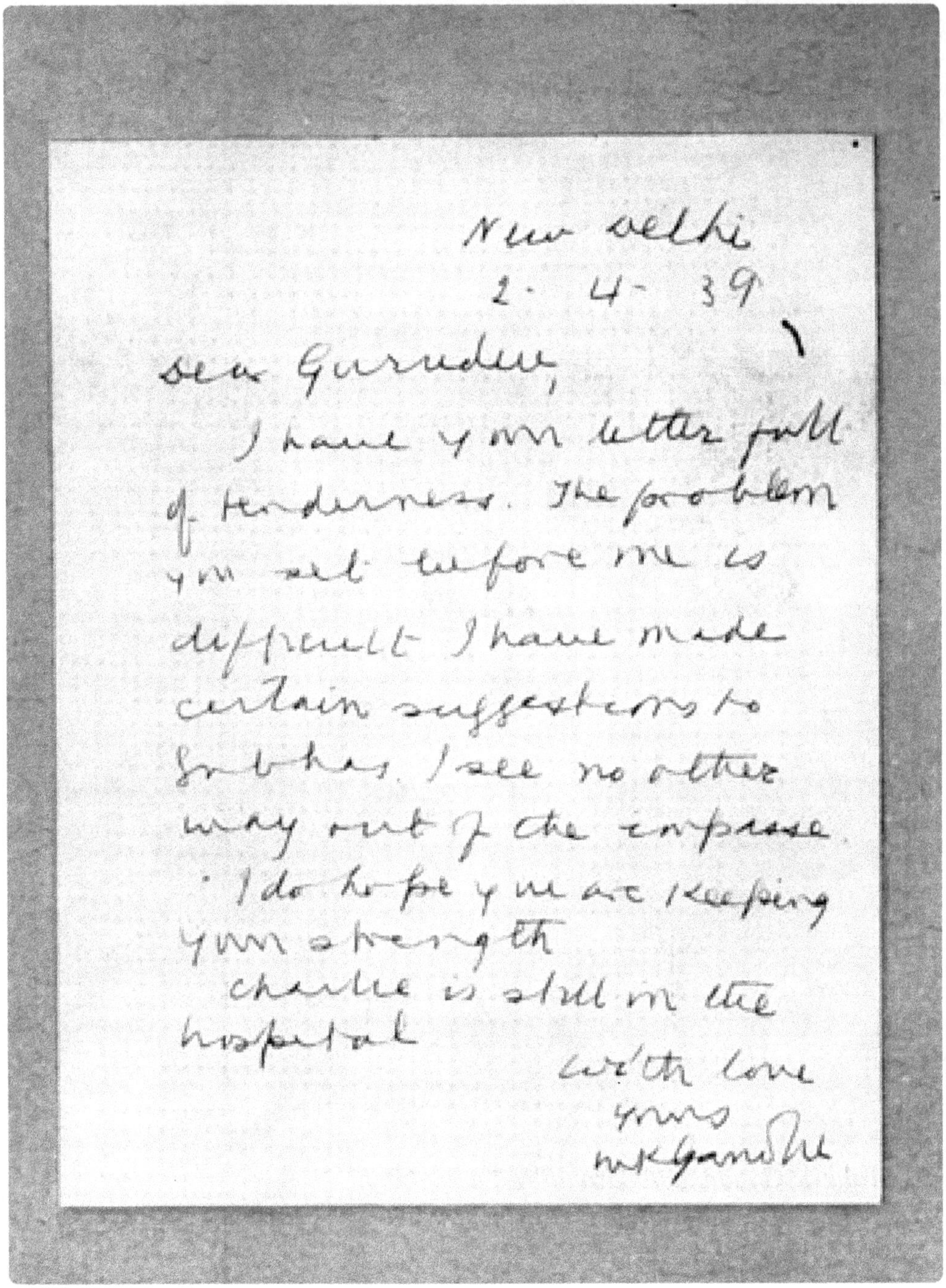

New Delhi
2 - 4 - 39

Dear Gurudev,

I have your letter full of tenderness. The problem you set before me is difficult. I have made certain suggestions to Subhas. I see no other way out of the impasse. I do hope you are keeping your strength.

Charlie is still in the hospital.

with love
yours
MKGandhi

Foto:
Gandhi auf
dem Weg zum
vizeköniglichen
Wohnsitz, Delhi,
4. April 1939.

Foto: Gandhi bei der Versammlung an der Thackersey Universität für Frauen (SNDT), Bombay, 17. Juli 1939.

Foto: Gandhi kommt mit Abdul Gaffar Khan zum Treffen des Arbeitsausschusses in Wardha an, 8. September 1939.

1939

DER BRIEF AN HITLER

Foto: Am 23. Juli 1939, nur wenige Wochen vor dem Ausbruch des Zweiten Weltkriegs, schreibt Gandhi an Adolf Hitler. In seinem Brief, in dem er Hitler als „lieben Freund" anredet, bittet er ihn darum, „einen Krieg, der die Menschheit in einen Zustand der Barbarei herabsetzen könnte," zu verhindern. Das Schreiben blieb unbeantwortet.

Copy

Private

As at Wardha
C.P.
India.
23.7.'39.

Dear Friend,

Friends have been urging me to write to you for the sake of humanity. But I have resisted their request, because of the feeling that any letter from me would be an impertinence. Something tells me that I must not calculate and that I must make my appeal for whatever it may be worth.

It is quite clear that you are today the one person in the World who can prevent a war which may reduce humanity to the savage state. Must you pay that price for an object however worthy it may appear to you to be? Will you listen to the appeal of one who has deliberately shunned the method of war not without considerable success? Any way I anticipate your forgiveness, if I have erred in writing to you.

I remain,

Yours sincere friend

Sd. M.K.Gandhi

Herr Hitler
Berlin
Germany.

Not sure when this word.

N.B.

IM OKTOBER 1940 SANKTIONIERT GANDHI DEN INDIVIDUELLEN ZIVILEN UNGEHORSAM UND LÖST DIE VERÖFFENTLICHUNG DER ZEITUNG HARIJAN SOWIE DER WÖCHENTLICHEN BEILAGEN AUF; ER FOLGT DAMIT EINER FORDERUNG VON OFFIZIELLER SEITE, GEMÄSS DERER ALLE BERICHTE UND SCHRIFTEN ÜBER SATYAGRAHA ZENSIERT WERDEN SOLLEN.

1940

Foto (unten): 27. August 1940: Gandhi in einer Rikscha auf dem Weg zum Wohnsitz des indischen Vizekönigs, den er dort treffen soll. (Foto von Fox Photos/Getty Images).

Foto (links): Gandhi spricht bei einer Versammlung. (Foto von Hulton Archive/ Getty Images).

Foto (rechts): Gandhi auf dem Weg zur jährlichen Konferenz von Gandhi Seva Sangh, Malikanda, 20. Februar 1940.

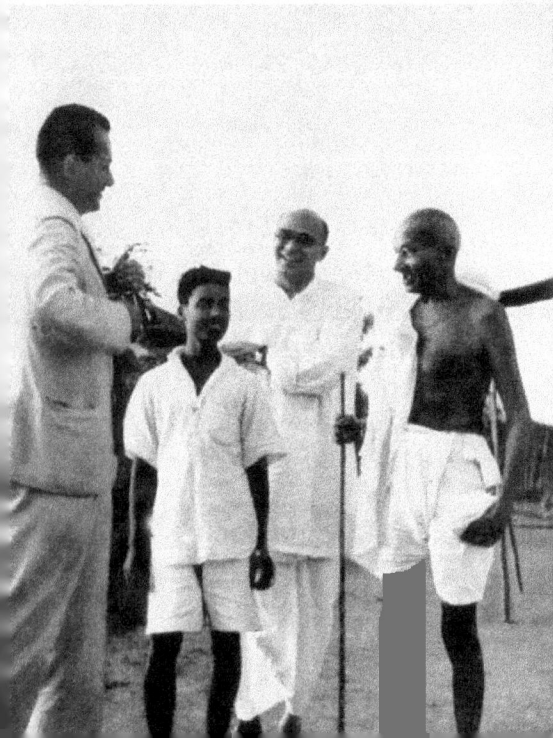

Foto (links oben): Adivasi begrüßt
Gandhi mit einem Stück Khadi,
Ramgarh, 14. März 1940.

Foto (oben): Gandhi amüsiert sich über
Kritik seiner Gegner, während des Treffens des
Fachausschusses mit Sardar Patel und Kripalani,
beim Kongress in Ramgarh, 17. März 1940.

Foto (linke Seite, links unten):
Gandhi mit seinem Biographen, Louis
Fischer, Sevagram, 1940.

Foto (linke Seite, rechts unten): Gandhi bei
einer Konferenz mit Präsident Maulana Azad und
Sardar Patel, A.I.C.C., Bombay, September 1940.

1941

IM DEZEMBER 1940 WIRD GANDHI AUF EIGENEN WUNSCH ALS VORSITZENDER DES KONGRESSES VOM ARBEITSAUSSCHUSS ABGELÖST.

Foto: Gandhi führt die Eröffnungszeremonie für das Kamra Nehru-Krankenhaus in Allahabad durch, 1941.

Im Mai 1942 fordert Gandhi die britische Regierung dazu auf, Indien zu verlassen.

Der 8. August 1942 steht für den Anfang vom Ende der britischen Herrschaft über Indien; an diesem Tag startete Gandhi das Quit India Movement (die Raus-aus-Indien-Bewegung) vom Gowalia Tank Ground Park in Mumbai aus, der heutzutage August Kranti Maidan Park heißt. Er sandte dem indischen Volk einen Jetzt-oder-Nie-Appell, mit dem er es aufforderte, die britische Herrschaft durch Ahimsa, also ohne Gewaltanwendung, zu stürzen. Gandhi wurde am folgenden Tag unter Arrest gestellt und lebte die nächsten zwei Jahre im Aga Khan-Palast in Pune. Während dieser Zeit verlor er zwei seiner engsten Weggefährten: seine Ehefrau Kasturba und seinen Sekretär Shri Mahadey Desai; beide starben im Aga Khan-Palast.

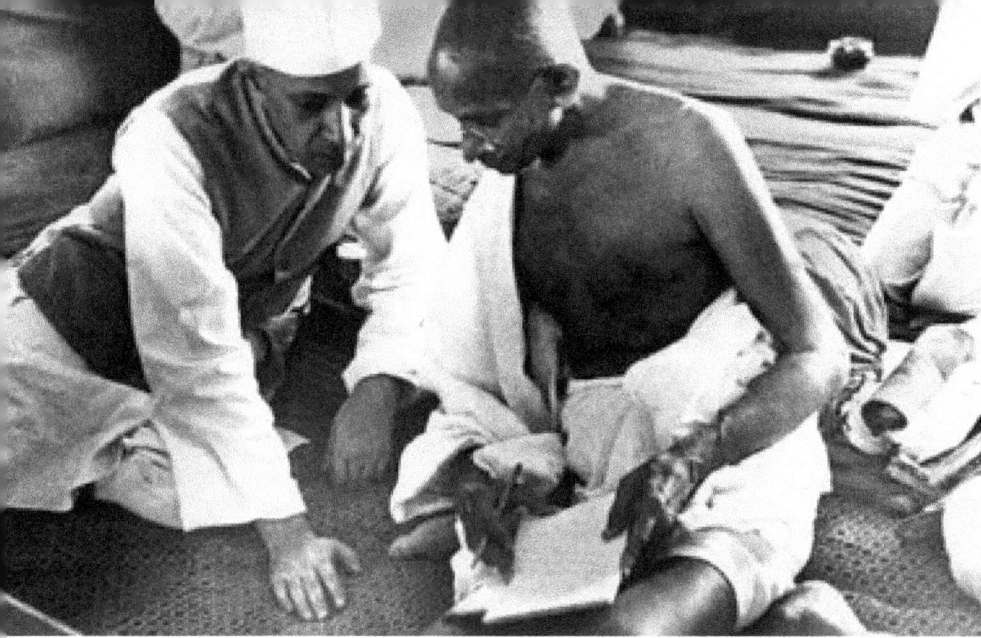

Foto (unten): Die Raus-aus-Indien-Bewegung (Quit India Movement) war der Beginn der letzten Phase britischer Herrschaft in Indien. Im August 1942 im Kranti Maidan Park ins Leben gerufen, verbreitete sich die Bewegung wie ein Lauffeuer durch das Land und führte 1947 zur Unabhängigkeit Indiens. 9. August 1942.

Foto (oben): Pandit Nehru und Gandhi während des Treffens des All-India-Kongressausschusses am 8. August 1942 in Bombay, bei dem der „Raus-aus-Indien-Beschluss" angenommen wurde, der die sofortige Ablösung der britischen Herrschaft forderte. Am folgenden Morgen verhafteten britische Behörden Gandhi und Nehru sowie weitere wichtige politische Führungskräfte. 8. August 1942.

Foto (links): Gandhi mit Mahadey Desai beim Treffen des All-India-Kongressausschusses am 8. August 1942.

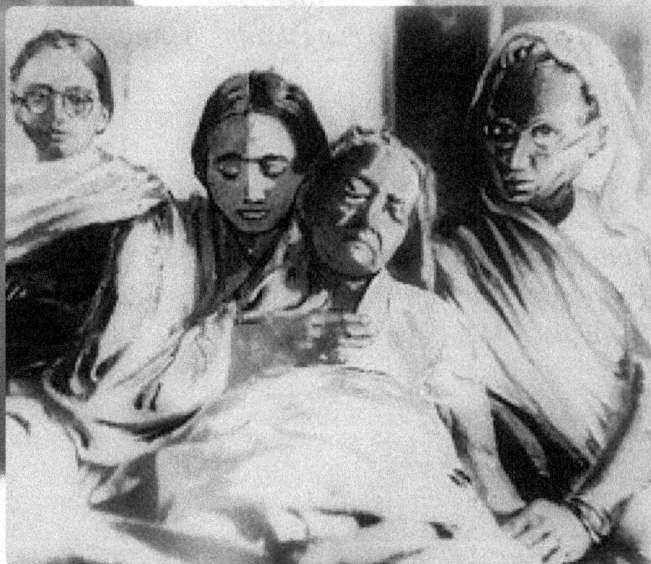

1943

GANDHI FASTET 21 TAGE LANG, VOM 10. FEBRUAR BIS ZUM 3. MÄRZ 1943.

FEBRUAR 1944 STIRBT KASTURBA, GANDHIS EHEFRAU, IM AGA KHAN-PALAST. IM MAI 1944 WIRD GANDHI BEDINGUNGSLOS FREIGELASSEN.

1944

Foto (unten): Eine Sonderbriefmarke wurde am 22. Februar 2008, dem 64. Todestag Kasturba Gandhis, herausgebracht. Sie ist eine Hommage an die Ba (Ba = Mutter, respektvolle Anrede für Gandhis Frau). Zu dem Zeitpunkt ihrer Festnahme war sie bereits krank und erlitt eine Reihe von Herzinfarkten; ihren letzten Atemzug tat sie am 22. Februar 1944 in den Armen ihres Ehemanns. Sie wurde auf dem Gelände des Aga Khan-Palasts in Pune eingeäschert.

KASTURBA GANDHI-64TH DEATH ANNIVERSARY
बा को श्रद्धांजलि — **TRIBUTE TO BA**

5·00 भारत INDIA

Kasturba was in poor health even at the time of her arrest, and she fell ill in Prison. She suffered a succession of Heart attacks, on **February 22, 1944** - on Shivarathi Night - She died in Bapu's arms. Her body was cremated within the compound of the Aga Khan Palace, Poona.

To,
Parth
C/o Post master
Kasturbagram P.O.
Indore - 452020 (M.P.)

Kleines Bild (links): Kasturba Gandhis letzter Atemzug im Aga Khan-Palast in Pune, am 22. Februar 1944. Kasturba starb in Bapus Schoß (Bapu= Vater, respektvolle Anrede für Gandhi) nach monatelanger Krankheit. Gandhi hatte viele Menschen sterben sehen, doch Kasturbas Tod traf ihn am härtesten.

Gandhi wurde am 6. Mai 1944 nach einer Malaria-Attacke freigelassen. Die Welt hatte sich in diesen letzten zwei Jahren stark verändert. Während Indiens Unabhängigkeit in Sicht rückte, galt dies auch für Indiens Zerspaltung. Gandhi war gegen eine Spaltung, er glaubte an die Möglichkeit eines säkularen Staates, in dem Menschen aller Glaubensrichtungen leben könnten wie unter einem Banyanbaum (Der Banyanbaum ist einer der meistverehrtesten Bäume Indiens, er wird oft mit einem Zufluchtsort gleichgesetzt, den Gott den Gläubigen in der hinduistischen Mythologie bereitstellt, Anm. d. Übers.).

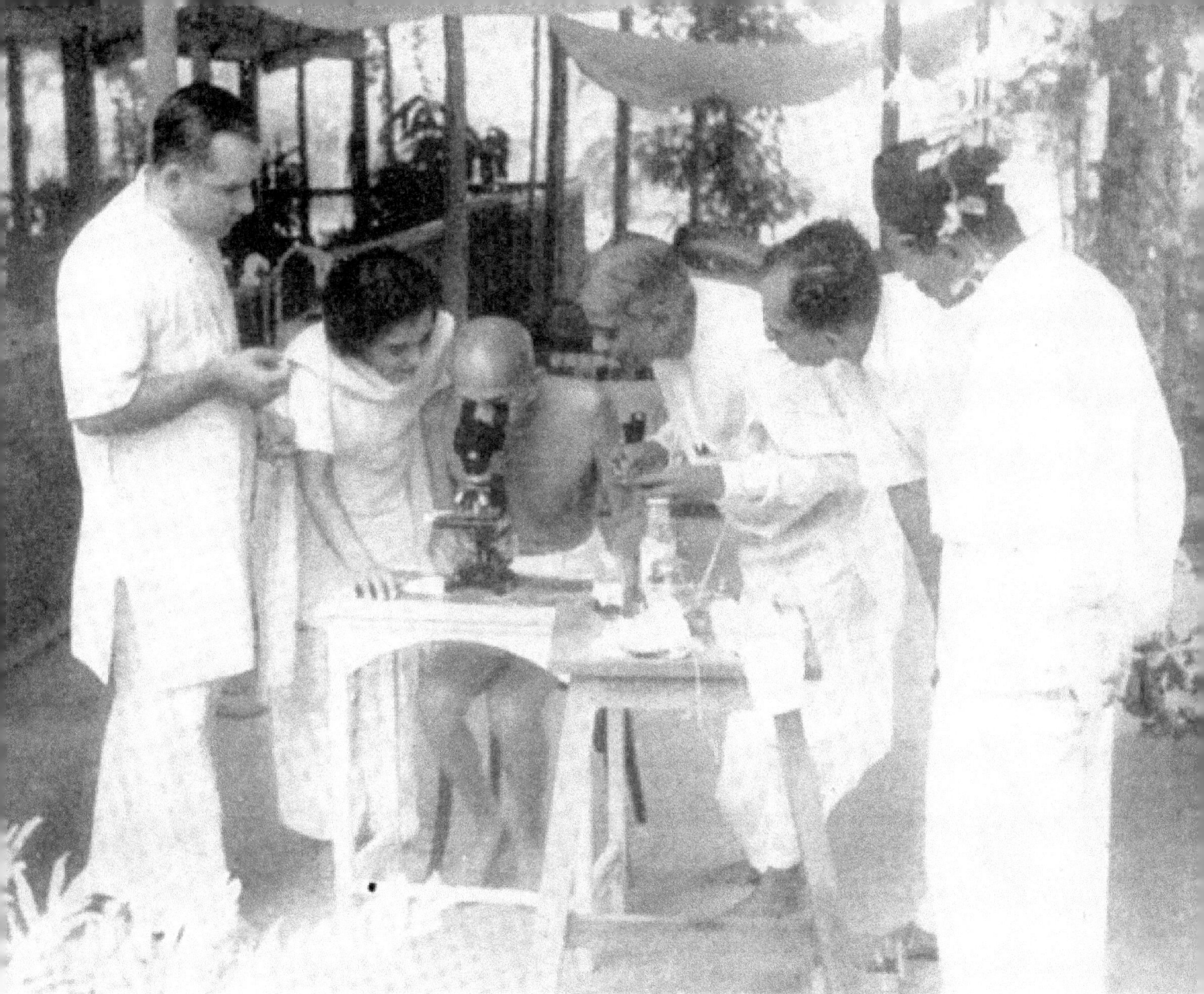

Foto: Gandhi untersucht Hakenwürmer durchs Mikroskop während seiner Genesung in Jehangir Patels Hütte in Juhu, Bombay. Mai 1944.

1945

IN EINER ERKLÄRUNG ZUR DARAUFFOLGENDEN SAN FRANCISCO KONFERENZ SAGTE GANDHI, DASS FRIEDEN OHNE DIE GLEICHBERECHTIGUNG UND FREIHEIT INDIENS NICHT ERREICHT WERDEN KÖNNE. ER FORDERTE EBENFALLS EINEN GERECHTEN FRIEDEN FÜR DEUTSCHLAND UND JAPAN.

Foto (links):
Gandhi bei einer
Massenkundgebung
in Bengalen. 1945.

Foto (oben): Gandhi auf dem Weg zum Vizekönig, Simla, 24. Juni 1945.

1945·1946

GANDHI REIST DURCH BENGALEN UND ASSAM

*Foto: Gandhi im Alter von 77 Jahren,
Noakhali, 11. November 1946.*

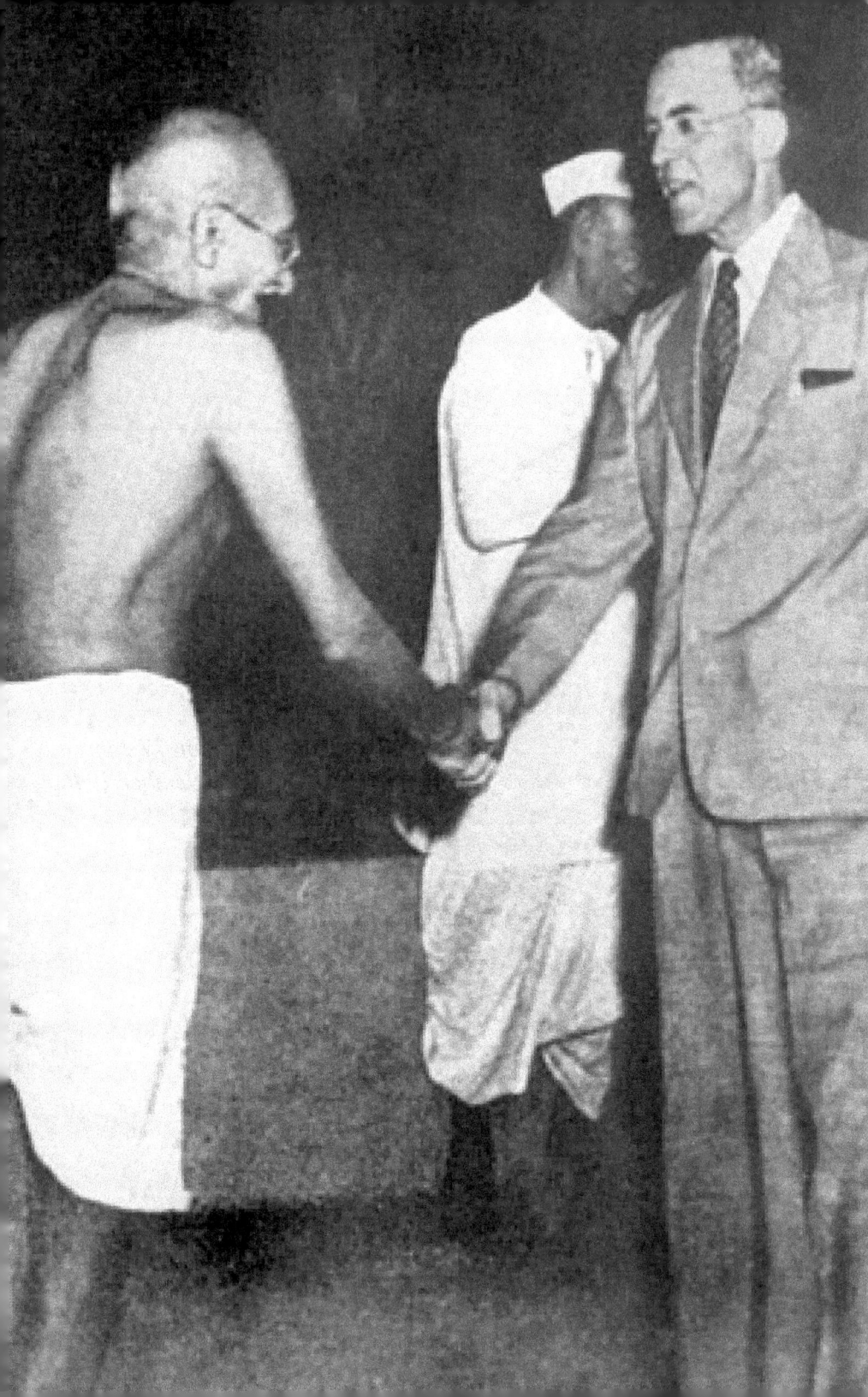

Foto (links): Gandhi begrüßt Sir Stafford Cripps in einer Straßenfeger-Siedlung der Harijan, Delhi, April 1946.

Foto (unten): Gandhi zusammen mit Dorfbewohnern und Mitarbeitern, Noakhali, Dezember 1946.

Foto: Der moslemische Anführer Mohammed Ali Jinnah trifft sich mit britischen Beamten, um für die Unabhängigkeit Pakistans als separaten moslemischen Staat, abgespalten vom britisch-indischen Herrschaftsgebiet, zu plädieren. Gandhi war immer strikt gegen eine Abspaltung. 1946.

1947

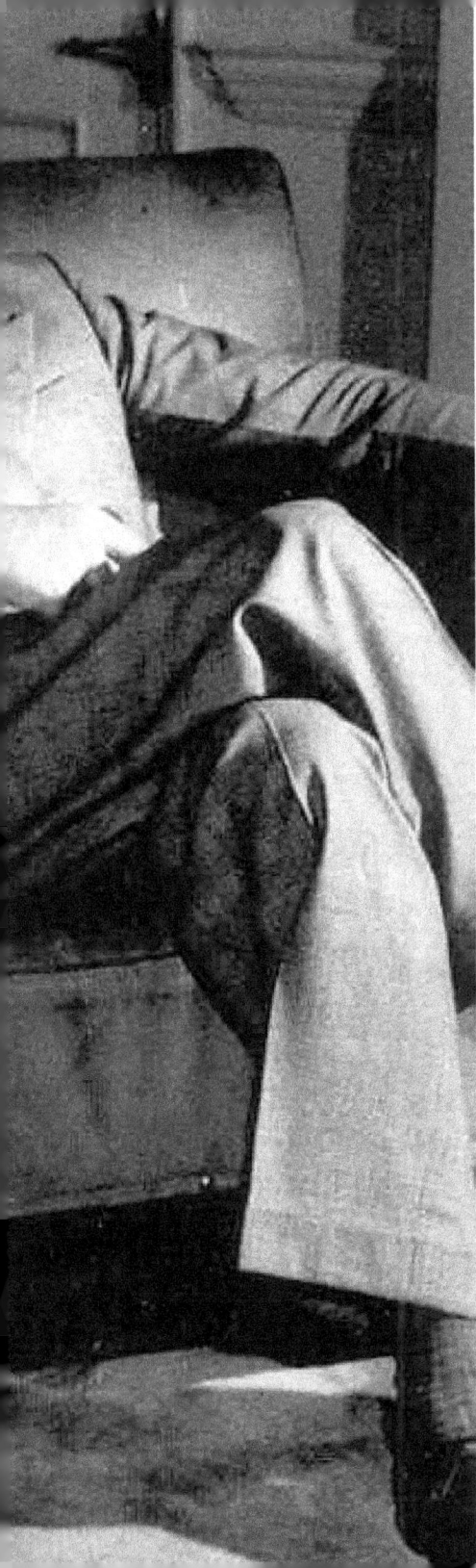

Foto (links): Gandhi konferiert mit Lord Louis Mountbatten in den Tagen vor der indischen Unabhängigkeit. 1947.

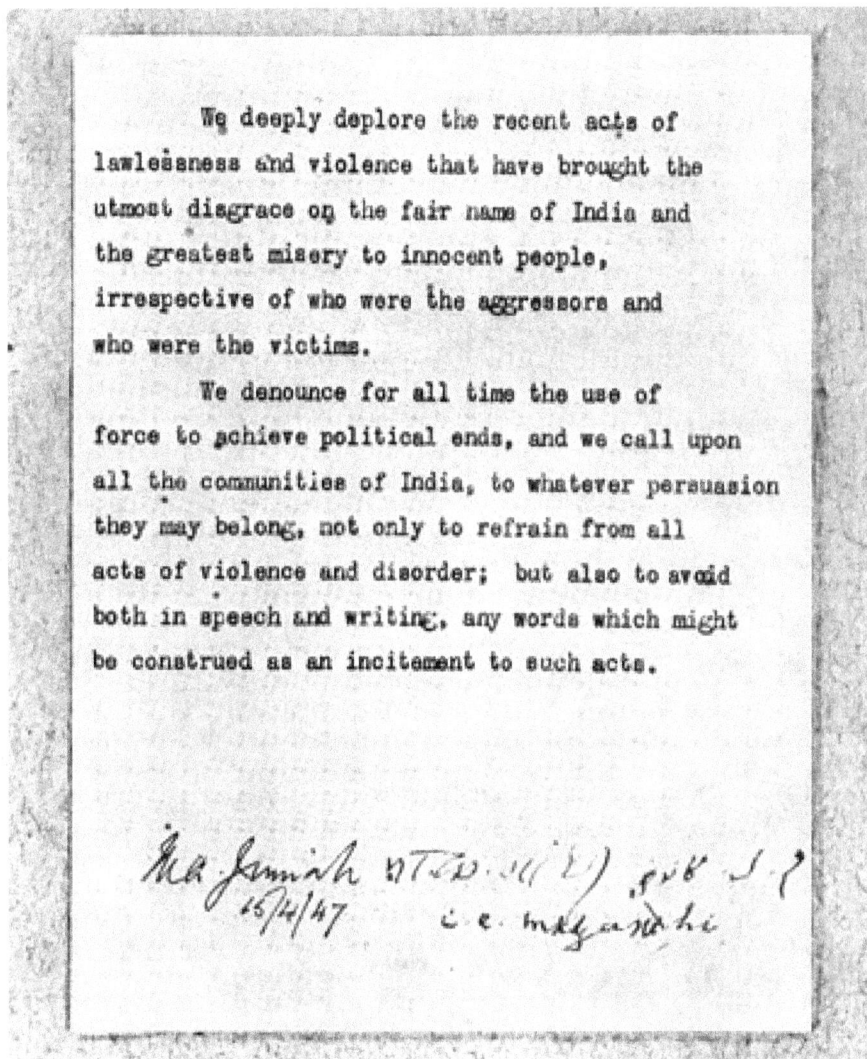

We deeply deplore the recent acts of lawlessness and violence that have brought the utmost disgrace on the fair name of India and the greatest misery to innocent people, irrespective of who were the aggressors and who were the victims.

We denounce for all time the use of force to achieve political ends, and we call upon all the communities of India, to whatever persuasion they may belong, not only to refrain from all acts of violence and disorder; but also to avoid both in speech and writing, any words which might be construed as an incitement to such acts.

Foto (oben): Der Gemeinsame Aufruf zum Frieden, unterzeichnet von Jinnah und Gandhi in Delhi, April 1947.

Fotos: Flüchtlinge auf ihrem Weg von Pakistan nach Indien unter militärischem Schutz. 1947.

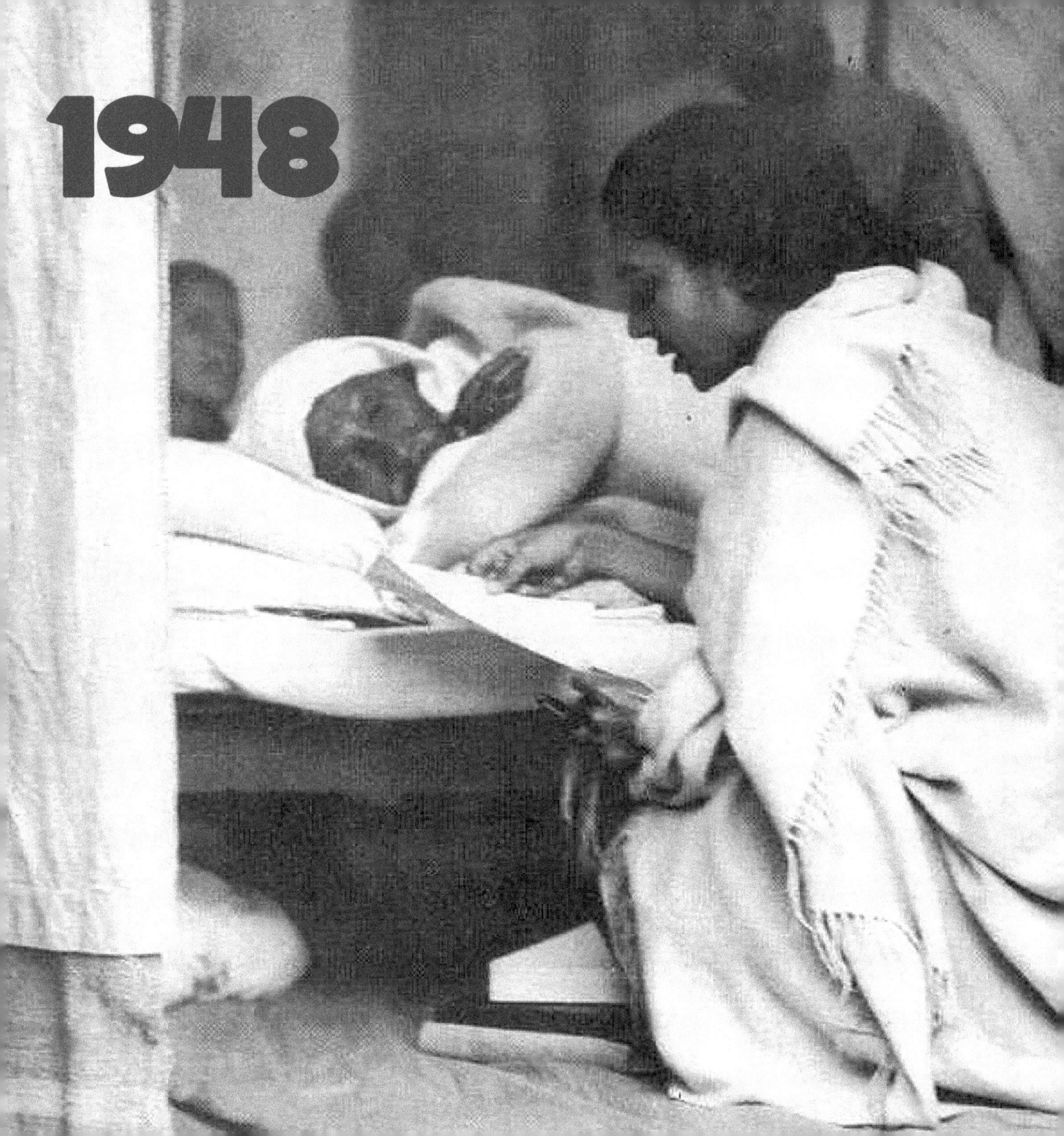

1948

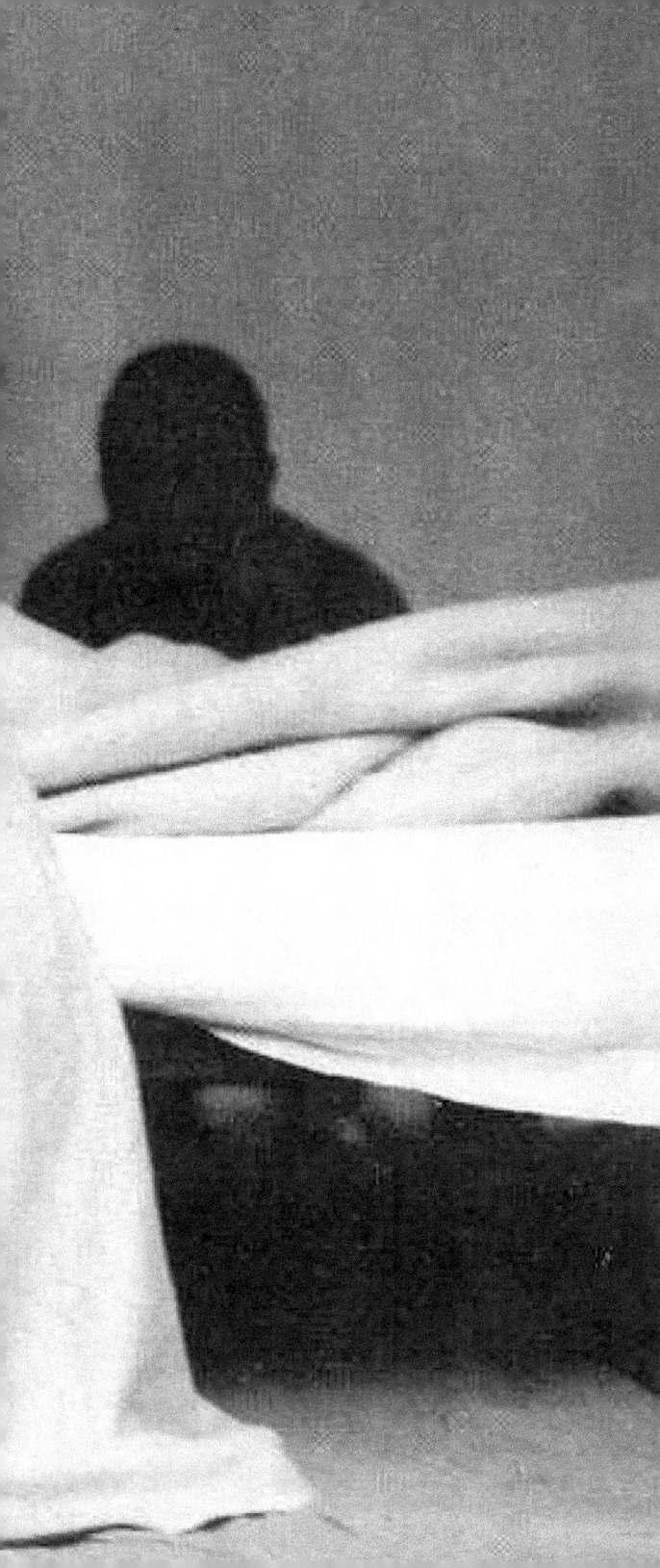

Am 29. Januar 1948 beendet Gandhi sein Fasten, am selben Tag treffen sich die Führer beider Gemeinschaften, um einen Friedensvertrag zu unterzeichnen. Am 30. Januar wird Gandhi von einem fanatischen Hindu, der in Verbitterung über Gandhis Toleranz gegenüber Muslimen handelt, ermordet.

Foto: Gandhi am fünften Tag seines Fastens, mit dem er die Inder zur Beendung der Gewalt zwischen Hindus und Muslimen zwingen will. 17. Januar 1948.

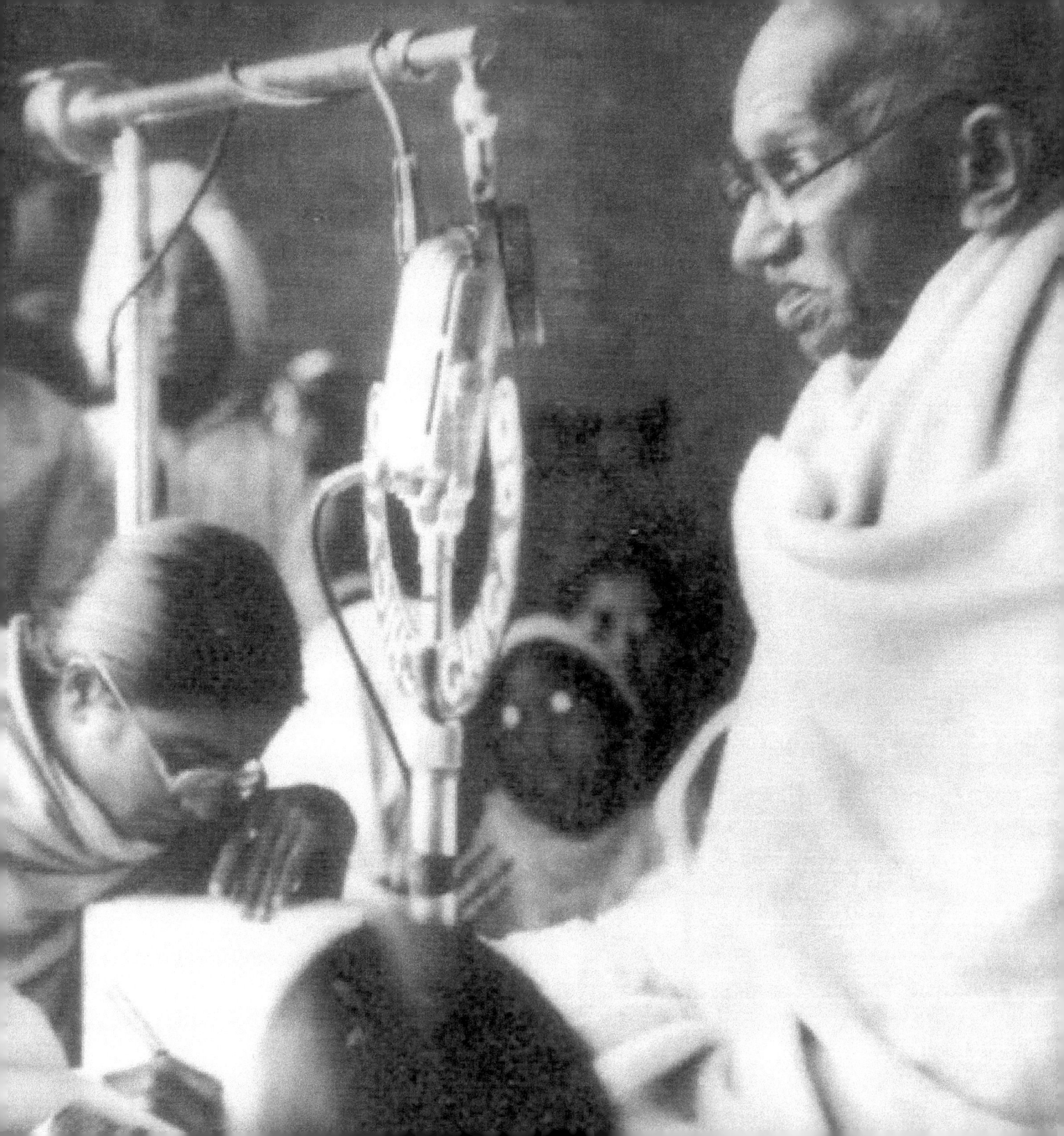

Foto (rechts): Ein Interview mit Gandhi einen Tag vor seiner Ermordung. Delhi. Birla Haus. 29. Januar 1948. (Henri Cartier-Bresson).

Foto (links): Gandhis letztes Gebet im Birla Haus. 29. Januar 1948.

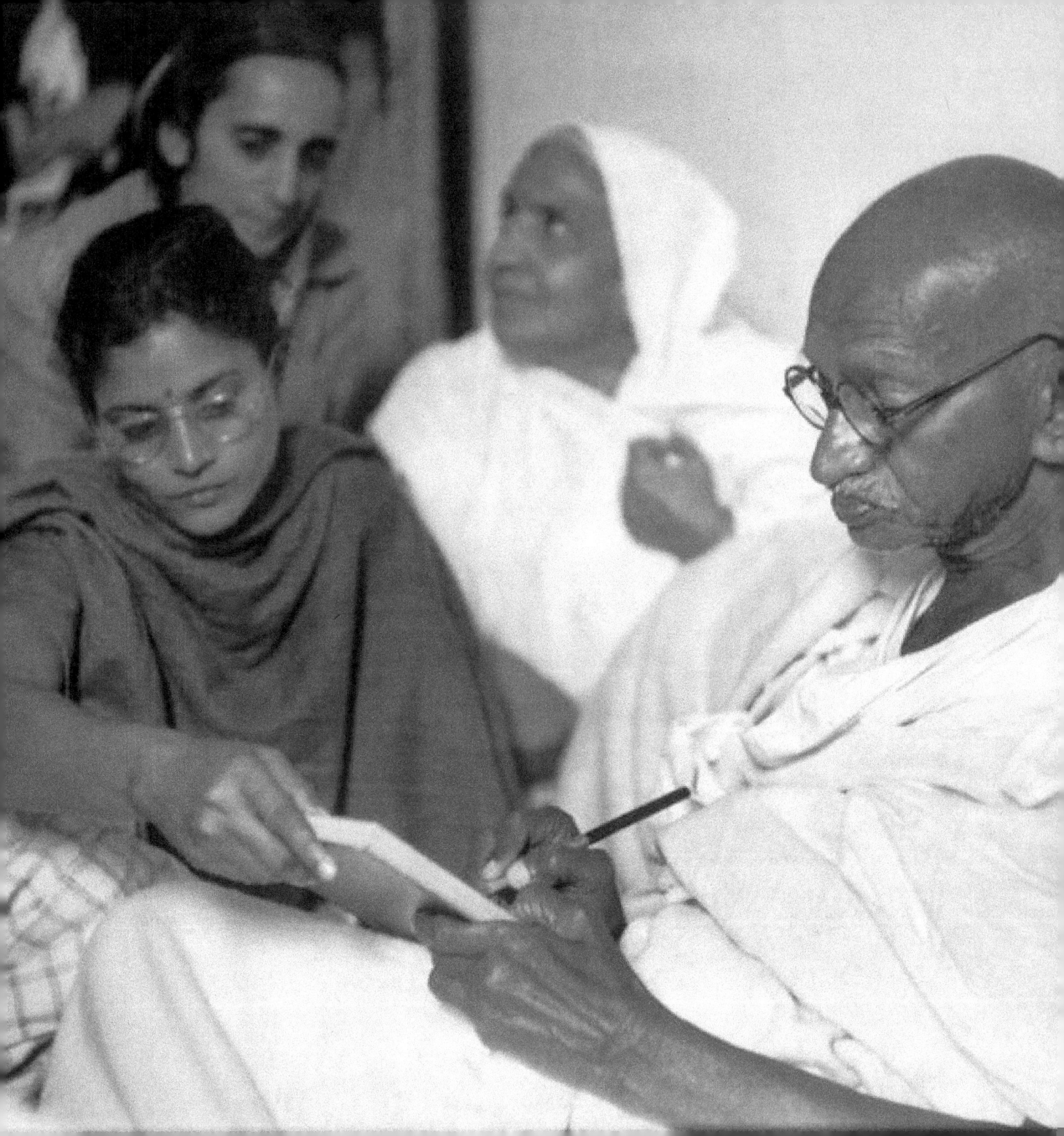

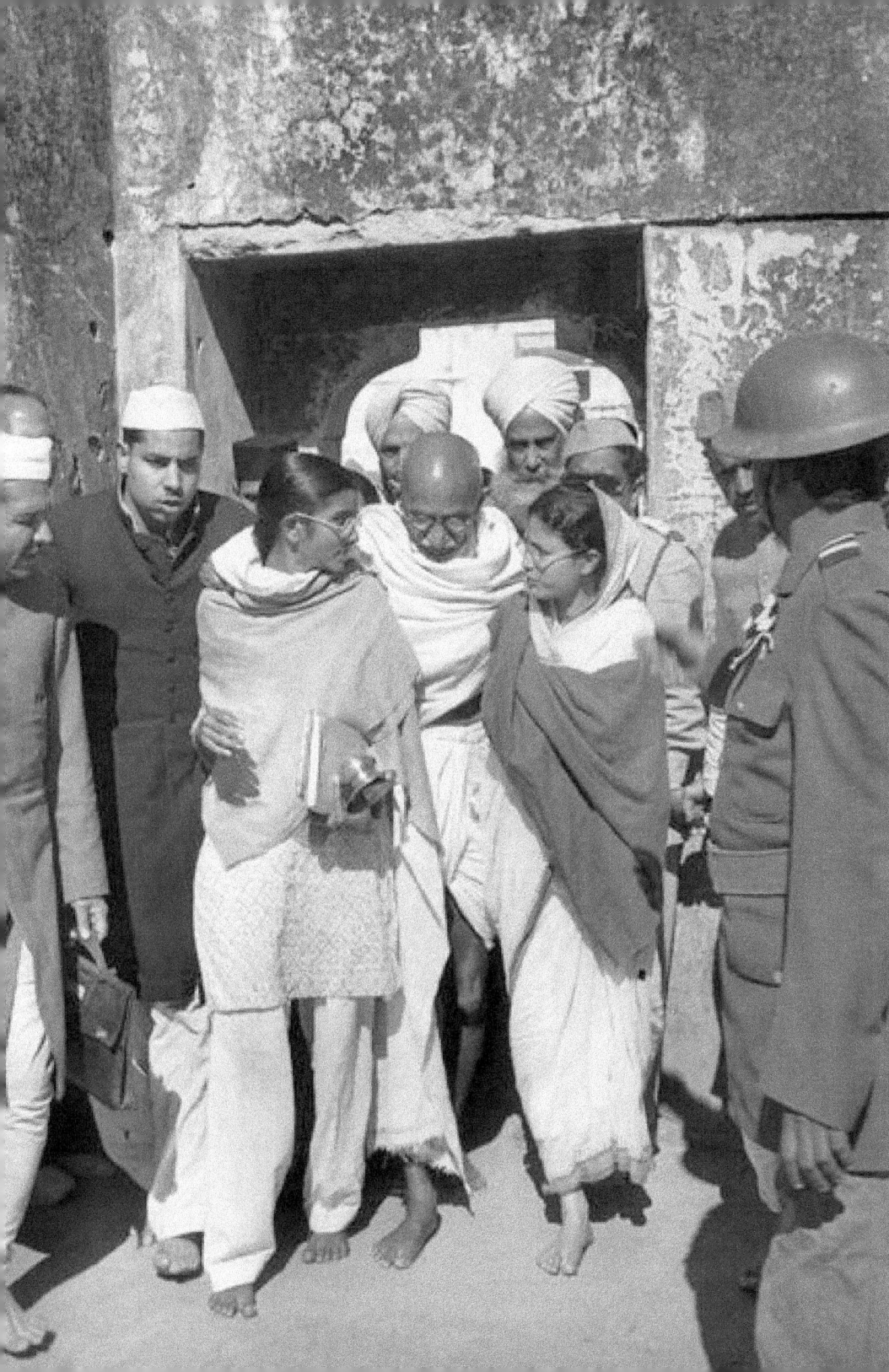

Foto (links): Gandhi verlässt den Meherauli, einen
muslimischen Schrein. Dies ist einer seiner letzten
öffentlichen Auftritte zwischen dem Ende seines
Fastens und seinem Tod. 29. Januar 1948.

Foto (oben): Das letzte Treffen zum Gebet, am
Tage der Ermordung Gandhis. 30. Januar 1948.

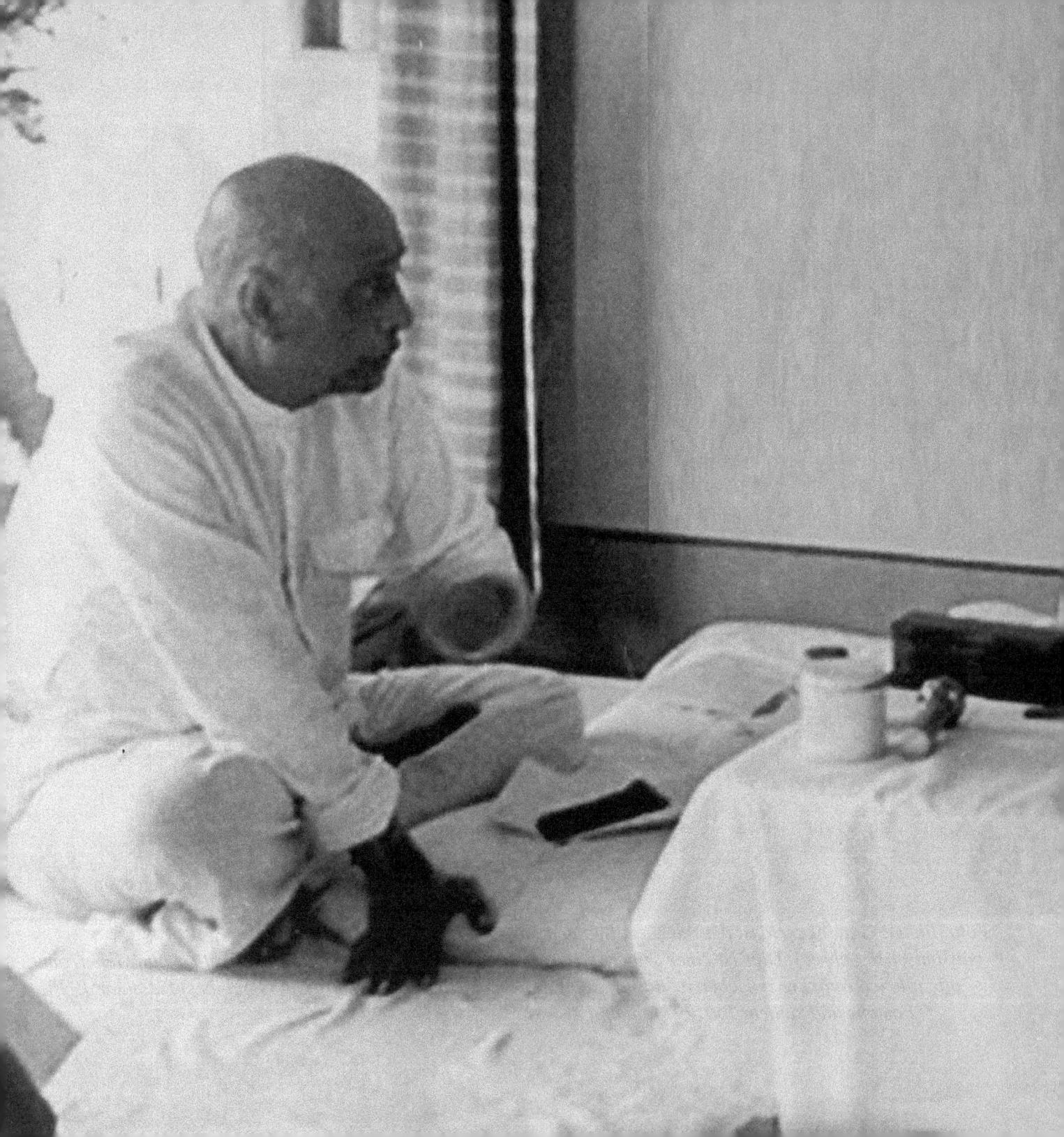

Foto: An diesem Ort fand das letzte Treffen zwischen Gandhi und Sardar Patel statt, am 30. Januar 1948, zwischen 16 und 17 Uhr. Danach ging der Mahatma zum Gebet.

*Foto: Gandhis letzte Schritte am
30. Januar 1948, in dem Garten,
in dem er ermordet wird.*

Foto: Nehru verkündet die Ermordung Gandhis vor einer weinenden Menschenmenge. Birla Haus. 30. Januar 1948. (Henri Cartier-Bresson).

Foto: Gandhis Begräbnis,
31. Januar 1948.

SUNDAY EX

FEBRUARY 1 1948   LIGHTING-UP TIME 5.16 p.m. to 7.11 a.m.   Founded by LORD BEAVERE

500,000 ROUND GANI

Mountbatten and Nehru in struggl

'Inch by inch like a great dark wave they moved on'

HUNDREDS CRUSHED AND CARRIED AWAY UNCONSCIOUS

By SYDNEY SMITH: New Delhi, Saturday

BENEATH A PILLAR OF BLACK, PERFUMED SMOKE AND 20-FOOT HIGH FLAMES, THE WITHERED, EIGHT-STONE BODY OF MAHATMA GANDHI TODAY BECAME ASHES WHILE HALF A MILLION INDIANS WATCHED AND WEPT.

But the name of Gandhi certainly passed into the undying list of Hindu gods.

One million people lined the four-and-a-half-mile funeral route between Birla House and the burning ghat just behind Delhi's ancient Moghul Red Fort.

PRESS

Moon ◑ Rises 1.18 a.m. (Monday), Sets 10.42 a.m.

TWOPENCE

..HI FUNERAL PYRE
..as crowds break police ranks

But the name of Gandhi certainly passed into the undying list of Hindu gods.

One million people lined the four-and-a-half-mile funeral route between Birla House and the burning ghat just behind Delhi's ancient Moghul Red Fort.

Another 400,000 were waiting there by four o'clock to watch the cremation. They were swelled by at least 100,000 more as the funeral cortège arrived.

It was ironic that this unparalleled demonstration of affection for the little 78-year-old Indian leader completely out-rated Delhi's demonstrations of exactly two weeks ago while he fasted for peace.

It seemed that dead, affection and respect for him were greater than while he endangered his life to save others.

Gandhi's mile-long state funeral left Birla House at a quarter to twelve this morning, led by three armoured cars. His funeral coach was a hastily converted Army truck draped with white cotton and flags.

Premier Nehru, with Gandhi's son, Devadas, Deputy-Premier Patel, and three other Congress leaders sat around the white-draped and flower-strewn body with its face uncovered.

With all the lines and wrinkles gone, Gandhi's face, half smiling, seemed the most peaceful and happiest in all Delhi.

STRUGGLE TO HOLD THEIR PLACES.

Indian Army brass-hats formed a tight circle round the base of the pyre while the last rites were chanted in Hindu.

At ten minutes to five, the first puff of dark, scented smoke went up as Devadas Gandhi, youngest of Gandhi's three sons, set a light to the butter-coated chips of sandalwood around his father's body.

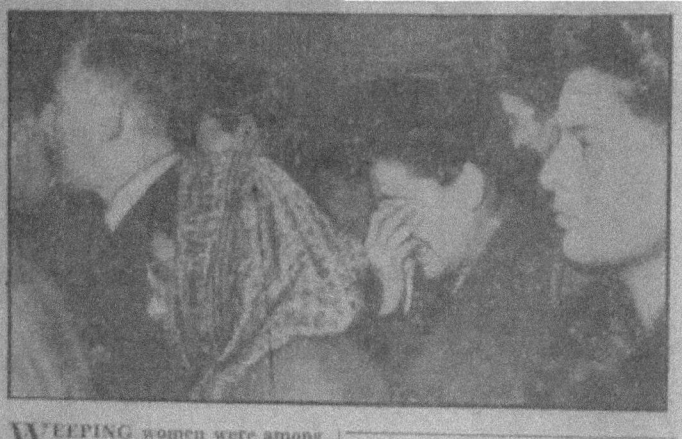

WEEPING women were among the mourners at a gathering in London's India House yesterday in memory of Gandhi.

Foto: Nach seiner Ermordung am 30. Januar 1948 wurde Gandhi, der Tradition gemäß, am folgenden Tag eingeäschert. Die Anzahl der Trauernden wurde auf 250 000 bis zu einer Million geschätzt.

„Freunde und Kameraden, das Licht ist aus unserem Leben verschwunden, und nun herrscht überall Dunkelheit, und ich weiß nicht genau, was und wie ich es euch sagen soll. Unser geliebter Führer, den wir Bapu nannten, der Vater unserer Nation, ist nicht mehr. Vielleicht ist es falsch von mir, dies zu sagen, aber wir werden ihn nie wieder sehen, wie wir ihn so viele Jahre lang gesehen haben, wir werden ihn nicht mehr um Rat oder Trost bitten können, und das ist ein schrecklicher Schlag; nicht nur für mich, sondern für Millionen und Abermillionen von Menschen in diesem Land."

—*Premierminister Jawaharlal Nehru spricht im Radio zur Nation.*

Discovery Publisher

Discovery Publisher is a multimedia publisher whose mission is to inspire and support personal transformation, spiritual growth and awakening. We strive with every title to preserve the essential wisdom of the author, spiritual teacher, thinker, healer, and visionary artist.